爱孩子，
有理更有道

詹世英　陈　燕／编著

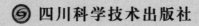

四川科学技术出版社

图书在版编目（CIP）数据

爱孩子，有理更有道 / 詹世英, 陈燕编著. —成都:
四川科学技术出版社, 2020.5
ISBN 978-7-5364-9807-5

Ⅰ.①爱⋯ Ⅱ.①詹⋯ ②陈⋯ Ⅲ.①儿童教育 – 家
庭教育 Ⅳ.①G782

中国版本图书馆CIP数据核字（2020）第071933号

爱孩子，有理更有道

编　著　詹世英　陈　燕

出 品 人　钱丹凝
责任编辑　罗小燕
封面设计　墨创文化传媒
责任出版　欧晓春
出版发行　四川科学技术出版社
　　　　　成都市槐树街2号　邮政编码 610031
　　　　　官方微博：http://e.weibo.com/sckjcbs
　　　　　官方微信公众号：sckjcbs
　　　　　传真：028-87734035
成品尺寸　165mm×240mm
印　　张　11　　字数 220千
印　　刷　四川华龙印务有限公司
版　　次　2020年6月第 1 版
印　　次　2020年6月第 1 次印刷
定　　价　35.00元

ISBN 978-7-5364-9807-5

邮购：四川省成都市槐树街2号　邮政编码：610031
电话：028-87734035　电子信箱：sckjcbs@163.com

前 言
QIANYAN

亲爱的家长朋友们，欢迎阅读本书。

在打开这本书之前，请你先回答三个问题：

第一个问题：你爱你的孩子吗？

第二个问题：孩子知道你爱他吗？

第三个问题：你是如何爱孩子的呢？

父母们大都会作出相同的回答：我很爱我的孩子，愿意为孩子付出一切，但是孩子却不一定感受到了我的爱，常常和我对着干，我很无助……

我是一位妈妈。女儿一直盼望我可以像袋鼠妈妈一样，随时把她揣在袋袋里，享受妈妈的温暖。因女儿的愿望我取名"袋鼠妈妈"。女儿的成长带给我许多的惊喜和温暖。当然，如同所有的父母一样，我们也经历着孩子带来的种种困扰，也有过迷茫无助。我意识到女儿正在以她自己的方法不断地检验着我一直在努力传递的积极家庭教育理念。很庆幸，也很幸福的是我坚持下来了，并在实践过程中见证了女儿的成长。过往的每一次"较量"都成为我和女儿相伴路上最珍贵的经历。这也是我倾心力推积极家庭教育理念最大的动力。于我有用，相信于你亦有益。

　　我是一名特殊教育老师，也是一名心理咨询师，每天都有机会接触不同的孩子，更有机会深入了解他们早期的或者正在经历的家庭教育环境，也看到家长们对孩子的能力提升的迫切需要。我组织家庭教育工作坊的学习，希望通过自己的努力可以让更多的家长主动学习积极的家庭教育方式，让越来越多的家庭，包括家长和孩子们，可以感受到家庭教育的幸福。我研修了正向教养课程，并结合学校管理和班级管理工作中运用的正向行为支持技术，汇编了家庭教育工作坊的课程内容，所以如果你已经读过有关正面管教或有关家庭教育的相关书籍，那么你一定可以更好地理解本书中的案例。同时，借助案例，我简单介绍了一些常规训练方法。在这本书里，你不仅可以学到家庭教育的理念，也一定能获得实用的家庭教育技巧。

　　更多的是，我建议大家在没有做爸爸妈妈之前就读一读这本书，或者在孩子没有上学之前读一读，或许会给你们带来帮助。

　　在我接触的案例中，大多数孩子婴儿期的行为，如吃手、爬行等，往往受到监护人过多的限制或因过度溺爱而被剥夺，导致他们在学龄阶段表现出学业不佳、同伴关系发展不好等问题。在家庭教育工作坊的一次活动中，我做了一个关于是否应该允许孩子吃手和在地上爬行的调查。有50位家长参与，结果仅有8位家长表示允许孩子在婴儿期吃手，仅有15位家长表示允许孩子在地上爬行。由此可见孩子们的安全意识、探索发现、动作发展等综合能力在婴儿期未得到充分的开发。家长给出的理由有：会把衣服弄脏，爬太多会影响双腿行走，吃手不雅观、要吃到细菌、手指会变形……在家长们的各种自以为正确的观念下，孩子被剥夺了成长阶段的探索行为。他们在进入小学后，往往表现出明显的学习障碍，如读书跳行、漏字，书写困难，考试成绩差，和同学相处困难，情绪控制能力较差等问题。很多孩子因为父母没有正确认识到问题的根源，从而被贴上"不认真""不听话""态度不端正"等标签，得不到应有的理解，心理压力过大，从而更容易产生心理问题和行为问题。学习积极家庭教育理念和方法是我们为人父母必做的功课。

我收到过许多家长的来信，痛诉孩子的挑战行为，如：爱哭，总是故意和父母对着干，沉溺于玩游戏，过于害羞，不合群，上课不认真，对学习没有兴趣，做点家务就要报酬，起床气、做作业拖拉，抢同学的东西……部分家长也表达过想给孩子更好的家庭教育，但不知道从何着手，等等。

面对这些问题，我们应该么做？又怎样才能做得更好？现在你捧在手中的这本书将向你娓娓道来。积极的家庭教育将有效地帮助父母去改善亲子关系，引导父母处理好孩子的挑战行为以及持续为孩子提供成长的动力。同时，结合特殊教育的专业手段，你会看到许多可以尝试的好方法！

感谢陈燕为本书进行修订和完善。

感谢为本书呈献案例的家长，是他们的真诚使我们有机会分析身边的实例，让我们有动力将孩子们的成长案例汇编出来，让更多的父母知道还有更好的教育方法，让更多的孩子能享受到高质量的家庭教育。感谢养育了两个儿子的哲妈，因为她相信她在我们的家庭教育工作坊所学到的东西非常有意义，于是鼓励我们出版，才得以让本书出现在大家的面前。在书中，你会看到自己孩子的影子，也会看到家长是如何更有效地实施家庭教育，从而改善亲子关系，更好地为孩子提供家庭的支持。

记住，任何时候都不要放弃，对孩子做出的挑战行为不要再说"不！"因为你还有更好的方法可以尝试！

　　本书第一章的每一个主题以六个模块呈现：家长的困惑、案例分享、点评、知识在线、行动指南、行动计划。这将有助于你快速理解积极家庭教育的理念，并将其中的技巧运用到实践中。

　　第二章是部分实践运用的案例。

2020 年 1 月

MULU

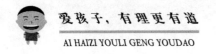
● 第二章　实践运用 ●

第一章

我愿意改变自己

一、为什么我们需要学习

👉 家长的困惑

——我深陷在孩子带来的困扰中，用尽了各种方法却毫无效果，我真的不知道该怎么办？

——孩子不听话。我都是为了他好，他却感受不到。他做作业的时候不按老师布置的做；没有人监督他的时候，他总是写得乱七八糟，明明能写好他却要乱写；他在学校不认真听课。

——孩子在我身边比较听话，但是在学校就不听讲，不太听老师的话，喜欢我行我素；心理很脆弱，容易哭，爱发脾气；在学校和别的孩子发生冲突时，情绪变化很大。

——我有两个孩子，一个学习成绩中等，一个学习成绩很差，已降了一级，但仍无法独立做题、思考、阅读。我鼓励过他，也打骂过他，可是都没有用。我很无助，不知道该如何办。

——孩子把学习和玩分不开，学习时安静不下来，专注力差。

——孩子不爱运动；识字慢，做作业慢；学习不主动；懒，不爱做家务。

——孩子与小朋友交流有问题，不知道怎样和同学玩，老爱动手动脚。我不知怎样才能让孩子学会与人相处！

——孩子为什么一点自信都没有？孩子的注意力不集中，上课效率不高；孩子与人沟通不顺畅。希望孩子能像其他小朋友一样快乐！

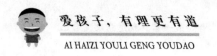

案例分享

　　我希望孩子积极向上、乐观，但往往现实与期望有很大的差距，在教育过程中会出现这样或那样的问题。学习了家庭教育工作坊的课程我受到了很大的启发。我积极地改变教育和交流方式，短短的十多天就看到了自己和孩子的进步。我和孩子一起制订了学习计划和日常作息时间表。现在孩子自己可以按时完成老师布置的家庭作业，我只需负责检查。孩子不再像以前那样必须要我陪着才做作业。以前早上起床、穿衣服、吃饭是一个大难题，自从我和孩子一起制订了作息时间表后，他变得非常自觉了，不再像以前那样怎么叫都不动。只要坚持用正确的教育方法，我相信自己和孩子都能得到改变。这一切缘于我现在开启了家庭教育工作坊的学习之旅。

——家庭教育工作坊学员　轩妈

　　通过参加家庭教育工作坊的学习，我明白了陪伴对孩子是多么的重要！我最大的感触是时刻都不要忘记学习，应为了成为孩子的榜样而努力学习！每个人都有犯错的时候，犯错不可怕，但要有解决问题的办法，这就需要父母有正确的教育方法。参加了家庭教育工作坊的学习后，我坚持做了许多事：每天都和孩子拥抱，给予孩子温情，倾听孩子的心声，给予孩子许多鼓励……前几天都是我主动与孩子拥抱，后来变成孩子主动拥抱我，我好感动。我理解了孩子的改变不是家长强加就有效的，父母要做榜样。各位爸妈们多从自身做起，不要埋怨孩子，该学习进步的是我们自己！教育孩子是我一生的课程，也是天下父母一生的课程！让我们共同学习、进步、成长，成为合格的父母，加油！

——家庭教育工作坊学员　庭妈

☞ **点　评**

　　家长会学习，孩子就爱学习；家长愿意进步，孩子就努力进步。孩子感受到的就是家长给予的。爸爸妈妈们开始思考应该给孩子一个什么样的家庭教育环境——是丰富的物质条件还是宝贵的精神食粮？做父母的应给孩子树立一个什么样的榜样？事实证明，家庭教育工作坊适合每一位家长，不论是文化水平高还是低，孩子年龄大还是小，孩子成绩优还是差等等，我们都可以在其中找到适合自己的方法，从而更好地提升我们的教育方式。

☞ **知识在线**

　　如果用 0~10 分来评价你的教育能力，0 分表示完全没有教育能力；10 分表示非常具有教育智慧，你会给自己打出多少分呢？

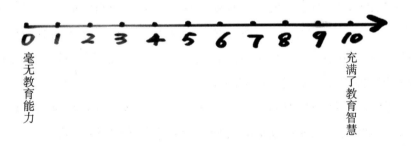

　　从"0"到"10"的成长，学习是最有效的途径。

　　学习是我们一生的事情。学习使我们的精神世界富足、自由。会学习的父母更能将这种富足、自由的精神传递给孩子。我们常常会感叹眼前的这个孩子和自己期待的孩子不一样：不听话、做事拖拉、学习成绩差、逆反等等。面对这些问题，我们常常无能为力。我们想竭尽所能地爱孩子，但是孩子却并不领情；我们期待更好的亲子关系，孩子却一再挑战我们的"底线"。很多家庭常常因孩子的教育问题发生争吵。有一次咨询结束后，我向家长提出让孩子有时间多做感统游戏和体育游戏的建议。有位妈妈一脸愁容地看着我问："孩子不愿意听我的怎么办？"对于教育孩子，我们正在经历不知所措的阶段。要解决这个问题，最好的办法就是学习，学习如何做父母，学习现代的家庭教育理念。同时，要坚信努力一定会有收获。当我们愿意为了更好地教育孩子而学习时，孩子也会悄然改变。

在家庭教育工作坊的课程开展过程中，我们会邀请各小组进行总结和分享，并要求家长们尽可能采用视觉化和体系化的方式来呈现自己的理解。作为一名特殊教育教师，我的工作主要面向有特殊教育需求，如智力、听力、学习有障碍的孩子们，我会给孩子们介绍适合他们的学习策略，以帮助他们更好地获取知识。在教学工作中，我常用到思维导图、框架图等学习工具。加入家庭教育工作坊的爸爸妈妈们大多数是第一次学习绘制思维导图，不知道该如何操作，但是都一致表示很想学习这种方法。原因很简单：自己学会了，能用这个方法来辅导孩子学习；孩子学会了，学习也会变得更轻松。只要是对孩子有用的，父母们统统都愿意学。于是，我利用思维导图画出了家庭教育工作坊的活动框架。当我要求用框架图来分享小组的讨论结果时，家长们立刻想到用花朵、大树等多种创意图来展示框架图。

在展示小组的学习内容时，大家跳出只是坐着听老师讲的常规学习模式，开始思考如何可以更有效地学习。小组成员开始约定：小组讨论时大家积极发言，抛出家庭教育中遇到的困惑作为讨论主题，进行不同的角色扮演，换位思考问题……我们常常被自己的思维束缚，担心学了没有用，害怕学习有难度，没有勇气开启家长课程的学习。我们要明白，学习家长课程不是给父母设置障碍，在学习中你可以感受到被包容、被认可、被助力，每个人都可以找到自己的起点。大家组成一个共同成长圈，所有人都是学习者，没有枯燥的说教，更没有可怕的指责。家庭教育工作坊能给每一位家长提供行动的力量，你将学习到关于如何教育孩子，可以尝试做些什么。有位年轻的爸爸意识到自己以前对孩子的暴脾气给孩子造成的伤害多么大，所以满怀期待地参加了家庭教育工作坊的学习。第一次课程结束后，他用五个字简短地形容自己的感受："幸福感爆棚。"他解释说这是他在面临孩子的种种挑战中，第一次感受到自己被理解、被支持、被赋予了一种力量，而且真真实实地感觉到自己可以做得更好，对接下来改变自己的教育方式去帮助孩子进步充满了信心。

家长课程不像学习学科知识那样有难度，也不用参加严格的考试，就如同参加家庭教育工作坊的家长们学习使用思维导图一样，听起来生僻，但是练习后立刻了然于心。

很多爸爸妈妈会说自己确实工作很忙，没有时间。我的建议是，尝试制订一份时间作息表，重新调整时间，合理地安排出学习的时间。有位一年级孩子的爸爸讲述了他的转变经历："开始我们觉得在孩子的教育问题上不用花太多的时间，保证孩子每天正常上学，吃好、穿好就够了。但是，孩子在入学的前两个月根本无法进入学习状态，和同学搞不好关系，适应集体生活困难，老师多次请我们到校交流孩子的问题，由此我这才接受老师的建议参加了家庭教育工作坊的学习。事实证明，花在孩子身上的时间和孩子的进步是成正比的。当家庭教育工作坊提到父母的陪伴这个话题时，作为爸爸，我脑海里不停地回忆孩子的种种表现。我不忍心让孩子就这样'混'下去，于是下定决心，调整工作时间，孩子放学后陪孩子一起学习、一起做游戏。孩子做作业时就在一旁看书；孩子做完后就和孩子一起检查、复习。如此下来，孩子转变很快，学习跟上了班级进度，老师多次表扬他进步了，他更自信了。这两个月真的没有白费！"

有舍才有得，你给孩子的爱需要用时间来计量！

还有的爸爸妈妈会说很多书都读不懂，而且现在静下来读书很困难，丢弃多年的读书习惯很难再拾起，不是不想看书，而是看着书头痛，从书上找家教良方的途径好像行不通。的确，我们在学生时代就表现出不同的学习类型，视觉学习型的学生，静下心来看书学习比较容易；听觉学习型的学生，需要借助语音的输入才能更有效地吸收知识；动觉学习型的学生，需要更多动手和参与的机会。如果我们在学生时代就不喜欢静下来读书，那多年后突然被要求坐下来好好读一本书的确是比较困难的事情。如今信息化时代，你也可以在平板电脑或手机上学习网络课程。我们可以选择一些家庭教育的视频课进行学习。学校也会定期发放有关教育的杂志，里面有许多家庭教育方面的案例和专家妙招，还有许多家庭教育线下课程，比如社会机构组织的、社区组织的、学校组织的，等等，多以讲座、工作坊、读书会的形式为大家提供帮助。我们需要做的是主动参加这些家长课程，你会发现有很多人在和你一起并肩修炼。

有一个事实摆在面前，那就是许多家长依然没有意识到自己是需要学习的。他们有的把孩子的种种"不良"表现归咎于孩子天性顽劣，有的认为自己的孩子必须要狠狠地"收拾"才能服从管教。常有老师向我倾诉她们做班级管理的痛苦：当发现学生在某些方面需要家长多进行辅导和教育时，家长着急之余，更多地采用体罚、责骂的方式，如恐吓孩子"你再这样，我就把你关在家里。""你是不是不听话，我好久没有打你了，看来你又想挨一顿了。"不得不承认，虽然有些父母一直在努力管教孩子，但是孩子仍然是班级里的"特殊对象"，出现打架、发脾气、顶嘴、自卑、偷懒不做作业等等行为问题。

我们的观念需要全新的改变。我摘抄了《特殊需求孩子的正面管教》一书中的一句话：

> 将一个挑战行为当作一次教给孩子掌握某种技能的机会，以帮助你的孩子成长为一个有能力、快乐、有贡献的成年人。要在欣赏孩子的同时，记住这个最终结果，这会让人倍受鼓舞。

万事开头难，但是一旦开始了，很多美好便随之而来。

👉 行动指南

我们可以多参加当地的家庭教育工作坊，找到合适的导师，跟着导师学习，包括参加孩子所在的学校组织的家长课程或者专家讲座。

另外，购买家庭教育系列书籍，制订好每天、每周的学习计划，或者加入家长成长群，与一群重视家庭教育的人为伴。让我们开启学习的旅程，开始一场智慧父母的修炼。

学习期间，你会接收到许多新的信息，你曾经遇到的一个又一个的问题会在学习中找到解决办法，你会很有感触，你会愿意把这些方法带进和孩子的互动中，你会惊奇地发现孩子们进步了。当然，你仍然会遭遇新的问题，没有什么方法是万能的，也没有什么教育诀窍可以帮助你一劳永逸地解决所有问题。对此，我们需要端正态度，唯有不断地学习和实践才能达到积极的效果。

👉 行动计划

1.我的学习计划

每周用于学习的 时间段			
学习内容 1		学习方法	
学习内容 2		学习方法	
学习内容 3		学习方法	

2. 我已经参加了哪些家长学习活动？还计划参加哪类活动？

3. 我的学习心得和体会

时间：	地点：
家长活动主题：	

时间：	地点：
家长活动主题：	

时间：	地点：
家长活动主题：	

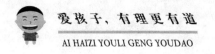
二、你想教育出一个什么样的孩子

家长的困惑

——我尽量做好家长，当好妈妈，每天花很多时间陪伴孩子。我好累，同时也很迷茫，我到底想要教育出一个什么样的孩子？

案例分享

初为人母，没有带娃的经验，三天两头被孩子气得发火，常常感觉无助、失落。最让我难过的莫过于孩子被诊断为智力发育迟缓的那一段时间，但幸运的是我参加了家庭教育工作坊的学习。我开始冷静下来思考孩子的未来，我不断地问自己希望孩子长大后成为一个什么样的人，我将其罗列在清单上，并备注自己该如何做才能帮助孩子获得这些品德和能力。

健康、快乐——带孩子多运动；教育孩子时多动脑；要用平常心去看待事情。

做事有条理，思路清晰——以身作则，平时在收拾整理家务时要特别注意整洁、有条理性。把他要做的事情分成小步骤，一步一步地教他。先从整理书包、收拾书桌、做好个人清洁卫生这些小事情开始，逐渐教会他制订时间表，让他知道一天要做哪些事情，哪些事情需要先完成，学会规划和执行。

有责任感——鼓励孩子接受挑战，接受任务，勇敢地去面对。从分担家务开始，让他明白每个人都是集体中的一分子，自己可以帮助家庭做一些力所能及的事情，通过简单的任务分担培养孩子的责任感，也让他在锻炼中有成就感。引导孩子帮我们分担一些事情，和我们一起做事，比如一起打扫卫生，一起煮饭，一起招待客人等。

懂得感恩——每次吃东西前要明确告诉孩子先分享给爷爷奶奶、爸爸妈妈，引导他主动形成分享的习惯，并多给予赞美，让他感受到分享可以获得比自己独享更多的幸福感。在与他的对话里要多说"谢谢""我爱你"等，引导孩子学会表达自己的情感。

幸福感——引导孩子正向思考问题，多想想自己所拥有的，不要看重自己没有得到的或失去的东西；和爸爸有更多的时间在一起愉快地相处。

勇敢面对失败——锻炼孩子承受失败的能力，有重新站起来的勇气。引导孩子以积极的心态面对失败，比如考试考得不好，应继续努力，不要沉浸在忧伤中。

——家庭教育工作坊学员 骐妈

👉 点 评

家长清晰地罗列了教育孩子的长远目标。相信所有的父母都一样，希望孩子能拥有良好的品德和各方面的能力。长远目标是我们教育孩子的重要指引。你也可以尝试拿起笔来，整理出自己教育孩子的长远目标，并附上具体可行的策略。

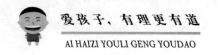

☞ **知识在线**

教育孩子的长远目标是指我们希望孩子成长为一个什么样的人，拥有什么能力，具备什么品德。让我们一起来梳理各位爸爸妈妈罗列出来的长远目标：

快乐、身体健康、能解决问题、擅长与人沟通、社会关系良好、诚实、正直、孝顺、稳重、有良好的家庭关系、自信、独立、有责任心、有良好的时间管理能力、有良好的情绪管理能力、会照顾家庭、活泼开朗、有自己喜欢的工作、懂得感恩、能感受生活的美好、有团队意识、能与他人合作、会考虑他人感受、有工作能力、遵守社会规则、尊重自己和他人、爱阅读、可以有自由支配的时间、动手能力强……

当然，长远目标的达成需要长期的努力。

当我们着眼于长远目标时，我们当下的教育行为就有了方向。在家庭教育工作坊的学习中，我们练习了如何利用长远的教育目标来指导当下的教育行为。我选取了一个在学校工作中遇到的常见案例：

一个刚入小学的孩子做作业很慢，总是东摸西蹭，晚上九点都做不完作业，即使做出来也有很多答案是错误的。今天晚上已经九点了，孩子照样没有做完作业。作为父母，你现在最想做什么？最想孩子做什么？你会怎么做？

以下是来自家长们的回答。

常用的方法有：吼孩子；直接没收孩子的作业，不准他做了；拿棍子打他、骂他；帮他做一部分；陪着他熬夜直到做完作业；威胁他说做不完就不准上学了……

这些管教行为，目的就是希望孩子能尽快完成今天的作业。这个目标我们称之为短期目标。

我们闭上眼睛，一起对这个孩子做一些设想：时间过了三十年，这个孩子长大了。你希望看到的是一个什么样的孩子?

家长们纷纷说出了自己的期待:帅气的、诚实的、孝顺的、事业成功的、时间观念强……

有一位妈妈说出了她的期望:孩子已经有了家庭,对自己的孩子没有责骂。

我邀请这位妈妈站起来,再一次大声地说出自己的期待。这一次她说得更清晰:"我希望我看到他正在辅导自己的孩子完成作业,而且没有吼孩子、骂孩子,是一幅很平和地辅导孩子做作业的画面。"大家听了都频频点头表示赞同。

当我们着眼于长远目标时,我们当前的教育行为就有了方向。如果我们希望孩子成年后组建了家庭,能安安静静地辅导自己的孩子完成作业,没有打骂,没有责怪,那我们现在就应停止打骂孩子,并将教育行为转向孩子真正需要的学业辅导、习惯培养、情绪管理等方面。

我们不仅需要用这些长远目标来指导当下的管教行为,还要明白长远目标的达成需要机会。这个机会就是孩子每一次遇到困难时表现出来的问题,我们应把这些问题当成实现长远目标的机会。

【例一】
问题:有一个孩子很情绪化,遇到事情就爱哭。
机会:孩子现在拥有一个学会自我管理情绪的机会。
长远目标:我们希望孩子能有良好的情绪管理能力。

【例二】
问题:有一个孩子在课间操总是叽叽喳喳地说话,完全不理会老师的要求。
机会:孩子现在拥有一个学会理解并遵守班级规则的机会。
长远目标:我们希望孩子具备良好的规则执行能力。

用这样的思维方式去看待孩子表现出的问题，把它们当作一次次向长远教育目标前进的机会。如果老师反馈孩子上课状态不佳，这是教会孩子正确的课堂规则的机会；如果孩子的房间脏乱，这是教会孩子分类收拾、整理自己的房间的机会；如果孩子不小心丢失了新买的文具，这是教会孩子学会保管自己的物品的机会；如果孩子不爱读书，这是引导孩子爱上学习的机会；如果孩子不爱运动，这是让孩子喜欢运动的机会。

长远目标和短期目标是学校教育中为孩子制定训练目标常用的一种目标方式。长远目标一般是半年或一年以上的目标，甚至是一个成长阶段的目标；短期目标一般是一个月或一学期的目标，可以表现为学期目标或月目标，或者可细化为周目标。时间的长短不是固定的，根据目标的大小而灵活变化，但是在制定目标上如果没有时间的计划，那长远目标和短期目标便是空谈。

有一次在课堂上，我们讨论如何能帮助孩子早上准时出门。孩子早上准时出门是一个短期目标，是孩子读书阶段的一个常规目标。这个目标的顺利进行则可以达到训练孩子自律、有时间观念、有执行力等长远目标。我们一起绘制了早上起床后的任务提示清单，对执行时可能出现的各种难题进行了详细的探讨。最后，我请大家讨论孩子需要多长时间才能实现短期目标。大家几乎是异口同声地说一周就可以完成。这可以说是家长们的共同特点——"自以为是"。我们站在自己的角度认为早上准时出门这个目标对孩子来说很简单，可为什么孩子从幼儿园到进入小学，早上起床难、出门拖拉始终是个问题呢？我们知道，养成一个习惯需要反复地练习、循序渐进，在熟练度、行为模式达到一定程度后才能成为一种稳定的习惯，而非一朝一夕之功。

在行为心理学中，把一个人的新习惯或理念的形成并得以巩固至少需要 21 天的现象，称为 21 天效应。也就是说，一个人的动作或想法，如果重复 21 天就会变成一个习惯性的动作或想法。可是，父母太心急，21 天对他们来说太漫长，教上几次，孩子还是无法实现短期目标，就断定孩子态度不端正。因此孩子每天的练习里掺杂了很多指责（你一点都不懂事，这些小事情每天都让我们操心）、批评（你没有时间观念）、否定（你每天都拖拉）、对比（其他小朋友做得比你好）。当然，大家认为短短的一周就能实现短期目标，这还有一个重要的原因，那就是觉得早上起床、洗漱、收拾好后出门很简单。这个"简单"是对我们成人而言，因为我们有娴熟的动作、时间规划能力、正常的任务执行能力，然而孩子是不具备这些的，他们的手部力量不够，时间规划能力没有发展成熟，他们的执行能力还需要他人的监督。如果在小学阶段，孩子需要实现"早上准时出门"这一短期目标，一定给他足够的时间，一般是一个月或一学期，而不是一天，也不是一周。在这个阶段内带着孩子反复练习，逐渐养成他早上准时出门的习惯。

着眼于长远目标，将教育孩子的视线拉得更长远一些，抛开当下的困扰，抓住一次次的教育机会，放慢脚步，细分成一个个的短期目标，为实现长远目标搭建前进的阶梯。

👉 行动指南

1. 思考教育孩子的长远目标是什么？

2. 拿出笔和纸，把这些目标写下来。没有写全也没有关系，下次想起来再添加上去。

3. 将目标计划张贴在家里最显眼的地方，或者做成小便签随身携带。这样做的好处就是，可以随时随地提醒自己教育孩子的目标是什么，并指导自己的教育行为。

👉 行动计划

思考你希望培养出一个什么样的孩子？你制定的长远目标会指导你如何实施教育行动？将其填在下面的表格中。

序号	我希望教育孩子的长远目标是什么?	我的教育行动计划

三、如何给孩子树立榜样

☞ **家长的困惑**

——孩子总是不听我的话，我不允许他玩手机，他反问："你可以玩手机，为什么我不可以玩？"我给他说过很多次，他是学生，所以不能玩手机，而我是大人，可以玩手机，可他就是不听。

☞ **案例分享**

我是个"手机控"。因为在家专职带孩子，时间充足，除了玩手机，好像找不到其他事情做。两个孩子也受了我不少影响，天天除了看电视，就是抱着电脑和手机玩，现在大儿子视力下降了不少。参加了家庭教育工作坊的学习后，我才明白孩子的这些习惯是受了我的影响，我很内疚，决定做一些改变。现在孩子在家的时候，我基本不玩手机，要么陪他们玩，要么讲故事给他们听。如今孩子们也不怎么玩手机和电脑了，一回家就会和我一起分享当天读到的书或者故事，这让我开心不已。我想这就是以身作则、言传身教的力量吧！

——家庭教育工作坊学员　哲妈

真所谓细节决定成败，家庭教育亦如此。家长不经意的一言一行、一举一动，都会给孩子留下深刻的印象。比如我们严厉批评儿子，以后再也不准看电视了，以后再也不准玩电脑了，可是

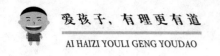

我们每次回家一坐下就玩手机或者看电视，那么孩子往往会模仿我们的行为，也会喜欢看电视、玩电脑。这就是"行大于言"。我们要随时注意自己的行为习惯，给孩子树立一个良好的榜样。

——家庭教育工作坊学员　睿爸

👉 点　评

家长们都说到了自己的行为对孩子的影响，又从孩子的行为表现来检查自己的行为。以身作则，言与行一致，这是我们不得不认真学习的重要内容。我们将讨论如何在长远教育目标指导下，用自己的行为去引导孩子的行为。

👉 知识在线

孩子出生后就跟随家人一起成长，孩子的眼睛就好像照相机，记录下了家长日常生活中的一言一行。家长担负起了教育孩子的重要责任，长远目标是家庭教育的重要内容。孩子在家里是怎么学习的呢？我们一起来读一读下面的故事。

表弟的小儿子刚满三岁，口头禅便是"烦死了！"他妈妈要求他吃饭，他边跑边说："妈妈烦死了！"奶奶要求他穿衣服，他大声说："奶奶烦死了！"哥哥要求他不看电视，他又哭又叫："哥哥烦死了！"爸爸要求他不要再说"烦死了"，他努努嘴说："爸爸说的烦死了。"看看，三岁的孩子，只不过是模仿爸爸这样说而已。

一天清晨，我出门上班，看到前面一家人交流互动的情景。一家三口，爷爷、爸爸、孩子，爸爸和孩子走在前面，爷爷背着孙儿的书包紧跟在后面。他们三个人一边走一边在交流着什么。爷爷在后面说着什么，我没有听清楚，但是当爷爷说完话之后，前面的爸爸突然转过来对着爷爷大吼："你不要说了，你讨厌得很！"爷爷低着头沉默了。爸爸拉着孩子的手说："我们走，不要理他。"然后大步向前走，嘴里仍然在叽里咕噜地数落着爷爷。爷爷接了话："对的，你说的都是对的！"爸爸拉着儿子走得更快了，完全不理会后面的爷爷跟不上，虽然不知道他们一家三口在争论什么，但是这位爸爸在孩子面前责备爷爷，无疑是给孩子展示了自己是如何不尊敬长辈的。试想孩子能学会体谅长辈，会以平和的方式和长辈商讨问题吗？显然不能。

前面的案例中，哲妈分享了因为自己爱玩手机影响了两个儿子。事实上，假期里这样的现象都快成了一道"靓丽的风景线"。家里聚餐，除了老人忙里忙外，年轻一辈的各自拿着手机，要么对着手机发笑，要么抢着红包，没有谁动起来帮老人做做事情。现在的孩子们坐在一起，有拿着手机或者平板电脑打游戏的，有在手机上看动画片的，还有围观的。孩子们对于电子产品的熟练程度超出了大人们的想象。我有个侄儿今年八岁，因为长期躺在沙发上玩平板电脑，已经微微驼背了。甚至有些家长还说给孩子买手机和平板电脑的目的是为了不让孩子打扰他们玩手机。

曾经有一则公益广告感动了很多人：年轻的妈妈端着一盆洗脚水给老母亲洗脚，五岁的儿子看到了。妈妈去孩子房间却看不到儿子，一转身，孩子正竭尽全力摇摇晃晃地端着一盆水向妈妈走来，用稚嫩的声音说："妈妈，我给你洗脚……"这则公益广告深刻的寓意让我铭记于心，时刻提醒着我们为人父母教导孩子要以身作则这一道理。

有一次工作坊来了一位爷爷，他全程不说话，也不参加游戏活动，只静静地听着。当我讲到"我们说什么都没有做给孩子看有用时"，爷爷马上举手表示赞同。他说："我80多岁了，生活经验丰富，特别赞同这句话，孩子就只认你怎么做，光说是没有用的。"

课堂上我们一起回忆了自己童年时父母言行不一致、说话不算数的经历。比如：父母"说话不算数，答应我的没有做到，以为我年纪小就忽悠我，多说几次我就不相信他们了"等。在体验活动"请你跟我这样做"中，我们扮演了言行不一致的父母。如：大声喊着跟我一起举起双

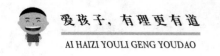

手，自己却只举起一只手；有的喊着请大家拿出手机放在上衣口袋，自己却将手机死死拽在手里；有的喊着请跳三次，自己却只数数并没有跳。同样，当孩子意识到父母无法说到做到时，对家长的指令就会敷衍了事。

我们对言行不一致产生了强烈的反感，内心对言行一致无比期待。让我们带着这种期待，换位思考孩子的心理。生活中，我们不断地向他们提出要求，希望他们聪明伶俐、乖巧听话、名列前茅、讲文明守规则，却很少对自己提出一点要求；我们常常用自己的思想去控制孩子，却又希望孩子能有主见、能独立。我们常常睡懒觉，却希望孩子作息规律、有良好的自我管理能力；我们希望孩子要诚实，要言而有信，但自己却常常不履行与孩子的约定，答应孩子的事没做到；我们希望孩子讲文明，但带孩子外出时却不经意地乱扔垃圾；我们希望孩子要遵守规矩，但有时候过马路却闯红灯或者不走斑马线。有位爸爸分享说自己是一名路怒族，开车时常会口出脏话骂人，儿子现在也一样，见到有车靠近就会脏话连篇，儿子的行为让自己很头疼。他开始反思自己以前的错误行为。我们是成人，自己都做不到的事情，却把希望寄托在一个年幼的孩子身上，是不是很可笑？！

女儿出生后，我也开始思考我想教育出一个什么样的孩子，要达到这些目标，自己又能带给孩子什么？我想所有的父母都跟我一样，孩子能健康并在这个社会上正常地生活是我们对孩子最简单、最起码的期待。基于这样的目标，孩子需要良好地遵守社会公共秩序，至少不要成为让别人讨厌的人，于是我总是提醒自己要注意生活中的细节。孩子现在四岁了，已经会提醒我们"妈妈，记得系安全带。""妈妈，垃圾丢在垃圾桶。""爸爸，喝酒不开车，开车不喝酒。""妈妈，红灯不能走。""妈妈，不要把书弄脏了。""妈妈，收拾好书桌。""妈妈，我自己来做，你不要帮我。"

我们不需要特别花时间来显示自己是如何以身作则、如何言行一致的，和孩子相处的每一刻就是最好的教育时机。

行动指南

1.时刻提醒自己不要指望孩子按照家长所说的去做，而是按照我所做的去做。希望孩子怎么做，自己就去这样做。注意生活细节，比如有规律地生活、轻言细语地交谈、遵守社会规则、自我保护、多做运动、保持阳光积极的心态等。

2.请一定记住，对孩子不要轻易做出承诺和保证，能做到的就和孩子一起去做，不能做到的绝不许诺。孩子对父母的诺言特别看重，如果轻易许诺却又做不到，换来的是孩子的伤心和对父母的不信任。

行动计划

1.回忆与梳理自己的言行中对孩子产生了积极影响的有哪些？

2.反思自己的言行中对孩子产生了负面影响的有哪些？思考在哪些方面可以做一些调整，以更好地做到言行一致、以身作则。

四、带孩子不是一个人的事

家长的困惑

——孩子大大小小的事情都丢给我一个人，孩子有一点问题就找我处理，我感觉好累。

——在对待孩子的问题上，我和他爸爸永远达不成一致的观点。他爸爸比较宠孩子，我对孩子比较严格。

——我和先生管教孩子的方法不同，我不认同他的方法，虽然与他沟通了，但他还是不接受。

——我和孩子爸爸在教育理念上不一样，不知该怎样去和他有效地沟通。

案例分享

星期四晚上，孩子放学回来自己做完了作业。因为一年级的孩子有很多字还不认识，语文老师就让家长辅导孩子熟悉考卷题目。辅导过程中，我让孩子多读几遍，她就不高兴了，发脾气不想读。我耐心地告诉她："你会了以后就可以自己读，减少错误。"她一直不理我，只想着早点出去玩，还大声地回我一句："我为什么要读给你听？"当时我心里的火一下就燃起来了。这时我想到家庭教育工作坊里探讨的控制情绪的方法——积极暂停，于是决定下楼去走一下，先缓解一下情绪。正好一开门，孩子爸爸回来了。于是他带着孩子上楼去辅导。大概过了半小时，孩子高高兴兴地下楼了，还说认识所有的题目了。我很诧异地问她爸爸是怎样做到的，他说用考考孩子的方法，孩子就一题一题地读给爸爸听，爸爸毫不吝啬地鼓励和夸奖她，孩子就真的做到了。那天真的要感谢她爸爸的帮助，才让我们母女俩避免了一场因辅导作业导致的"战争"。

—— 家庭教育工作坊学员　欣妈

👉 点评

对欣妈分享的案例大家是不是深有同感？许多家庭辅导孩子作业时上演着一个个"精彩"的故事。大家谈起作业也都是一把辛酸泪。爸爸妈妈应一起分担教育孩子的任务，共同参与。家庭成员，特别是父母双方，在孩子的成长中共同构成了教育支持圈。让我们一起来探讨家庭教育支持圈。

👉 知识在线

第一个关键词：父母共同参与

和谐的家庭环境是父母共同营造出来的，孩子在母亲这里可以感受到母爱的温柔与细腻，在父亲那里则可以学习到刚强与积极。需要强调的是，并不是说单亲家庭或者某一方因工作原因离开家庭就不能培养出幸福的孩子。很多案例也说明了由某一方抚养长大的孩子，只要其接收的教育是阳光、健康的，那孩子也一定是幸福的。我们讨论的前提是家庭生活的常规模式是父母都在家里，双方共同担负起陪伴孩子成长的任务，彼此之间相互协作，才能更好地教育孩子。

有一个笑话，老师问孩子："什么叫父爱如山？"孩子回答："父爱如山就是不管平时妈妈有多忙，爸爸永远坐在那里一动不动，稳如泰

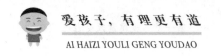

山。"生活中，很多父亲成了家庭中的"隐形人"，母亲把全部感情和希望都寄托在孩子身上，过高的期望就会使母亲用让人窒息的爱和焦虑将孩子裹挟，让孩子难以避免地陷入孤独和不安全感中。

有一位妈妈分享了这样的案例：我的家庭近期才刚从"隐形父亲"的家庭模式中走出来。孩子爸爸每天忙于工作或者和朋友聚会，很晚才回家，回家后又玩手机或打游戏。我独自承担起带孩子的全部任务。带孩子很累，每天琐事不断，似乎连哭的时间都没有。我忍受了很大的压力，心里很多烦恼和怒气找不到地方发泄，和孩子爸爸也常常因为小事情吵架。这样的情绪困扰着我，也影响了孩子。我常常因为孩子有一点小问题就忍不住大声责骂。现在孩子上小学一年级了，常常焦虑、紧张、发脾气、动不动就哭、打人，班级适应能力很差。老师与我反复沟通孩子的情况，我们才醒悟过来，孩子出现这样的情况，原因在于我们做父母的相处模式，我们没有考虑到孩子的感受，把消极情绪都带给了孩子。

其实，很多家庭里还面临另一个问题，即母亲角色的虚设，这个问题需要留意和避免。咨询中，我遇到一位来访者，她七岁的儿子在学校百般折腾，故意饿肚子，课堂上睡地板，课间打人、咬人，无故大哭，不学习。我们邀请了孩子的妈妈到学校做咨询。这位母亲虽然孩子已经七岁了，但是其行为和思想却仍如同一小女孩，对母亲的角色认知极其不成熟。孩子长期丢给奶奶抚养，偶尔回家看看孩子，但是一般都是以打骂收场。孩子稍微不顺着她的意思，她掉头就走。在这位年轻的妈妈面前，讲如何正面管教孩子还为时尚早，她还需要很长的时间去学习如何做母亲。

我遇到一位面色忧郁的妈妈，她说在家里根本就不可能指望爸爸参与教育孩子，孩子一直是她在带，孩子的任何问题都丢给她。对于我们的建议，她也一直摇着头说不可能。这位妈妈已经形成了一种被压迫、内心无力反抗的惯性状态。她的焦虑状态显然已经传递给了孩子，孩子现在已经成为班级里老师重点关注的对象。父亲在角色上的缺失导致母亲的压力增加，母亲不自主地给孩子传达压力，孩子在一种焦虑的环境中长大，进而产生心理问题。如果父母双方都能共同参与孩子的教育，成为彼此的帮手，当妈妈在教育中遇到问题，爸爸能够及时帮助，妈妈可以从矛盾中退出来，缓解压力，调节情绪。同样地，妈妈也可以协助爸爸，这样受益的不仅仅是孩子，还有共同经营的家庭。

关于辅导作业的问题，曾经有一位爸爸开玩笑说，孩子上小学之前家庭关系、亲子互动还算其乐融融。一旦孩子上了小学，家长在辅导作业的过程中，很难控制住情绪。这也是最考验父母协作能力的时期。对此，相信很多正在经历或者已经经历了辅导作业的父母都深有体会。"除了做作业，其他时候都乖。"这是许多家长对孩子的评价。说起做作业，所有描述感受的词语都难以形容父母们的痛苦。要解除这份痛苦，我的建议仍然是父母共同参与。辅导孩子可以有不同的分工。比如，妈妈负责书面作业辅导，但是训练孩子精细动作、动手能力、注意力、观察能力等游戏和手工任务，还有运动锻炼也可由爸爸包揽。父母相互配合，既给了对方喘息的机会，也增加了各自与孩子相处的时间，从而增进与孩子的亲密关系。

只有父母共同参与，我们才可以更好地教育孩子。家庭的幸福来源之一便是在教育孩子这件事上，夫妻彼此的分担和体谅。

第二个关键词：家庭教育支持圈

陪伴孩子成长的道路上，每个人都应有分工。

我们要记住，在孩子成长的任何时期，我们都不是超人，一个人不可能承担所有事情，我们需要他人的支持。在活动中，我邀请大家一起画出家庭教育支持圈。在白纸的中间部位画出第一个小圆圈，在圆圈里写上家庭教育的第一主力。来参加家庭教育工作坊的爸爸妈妈们当仁不让地成为教育孩子的第一主力，被放在了支持圈的中心。接着以这个圆为内圆画出同心圆，依次在外面的每一圈填写上自己可以寻求支持的家庭成员：孩子爸爸或妈妈、爷爷奶奶、外公外婆、亲戚朋友、老师同伴、社团组织、社会机构等等。越来越多的角色进入到我们的支持圈内，我们不是单薄的力量。

有的家长要求把孩子放进支持圈的最中间，我是不赞成的。抚养孩

子是我们生活的重心，但我们并不需要所有人都围着孩子团团转。良好的夫妻关系，而非亲子关系，是家庭平衡的核心。我们需要照顾好自己，才能照顾好孩子。因此在支持圈中，第一主力要学会放手，并主动邀请身边的人进入家庭教育支持圈中。

一个共同的难题是父母与爷爷奶奶或外公外婆两代人的教育观念可能会不一致。最好的解决方法莫过于清楚地梳理每个角色所担负的责任，合理分工，生活方面的、学习方面的、行为习惯方面，等等，各自有任务，各自有方向，各尽其力，又相互支持，共同完成教育孩子的重任。

👉 行动指南

1. 父母共同参与，一起为孩子的成长付出时间和精力，共同为孩子的发展出谋划策，共同迎接孩子的挑战，彼此分担，在家庭中多一些协商，出现问题时彼此配合，形成良好的家庭氛围。

2. 完善自己的家庭教育支持圈，避免孤军作战。

👉 行动计划

画出你的教育支持圈。

绘制方法：准备一张白纸，从白纸中间向外画一个个逐渐变大的圆圈，形成同心圆。

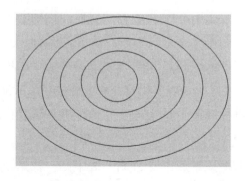

五、做情绪的主人

👉 家长的困惑

——娃娃做作业速度慢，不听话，我就控制不住自己的情绪，忍不住要打骂她。

娃娃霸道，没有满足她的要求，她就闹情绪。我和孩子的情绪都难以控制，该怎么办？

——孩子现在脾气越来越大，一有不合心意的事就翻脸，生气的时候还踢我，好好说也不听，惩罚她也不行，感觉什么手段都没有用，我该怎么办好呢？

👉 案例分享

我要讲述今天早上与儿子发生的事情：早上儿子穿上球鞋准备出门。因为这几天天气不好，我建议他套上塑料袋，这样不会把鞋弄湿。可是下楼后发现路面积水太多了，塑料袋不管用，鞋和袜子全湿透了，他就发脾气。我压制住火气，让他去学校旁边的理发店借吹风机吹一吹，他还是不依不饶，决定回家去换一双没有打湿的鞋子，叫我给老师请假。我给班主任老师打电话帮他请了假，但是一路上他仍然气冲冲的，一直大吼大叫责怪我。我没理他，回到家后，我拉着他的手，平心静气地说："妈妈知道你很不高兴，妈妈理解你，但请记住这是第一次也是最后一次，以后下雨天应该自己想想该穿什么鞋子。"他看见我没有生气，还这样温柔地给他讲道理，一下子又高兴了。要是没参加家庭教育工作坊的学习，我想我的情绪肯定控制不好，矛盾还不知道要怎么升级了！

——家庭教育工作坊学员　庭妈

上周星期五放学后，我告诉女儿周六先把作业做完，星期天出去玩一天。但是周六晚上检查作业时，女儿却并没有完成，所以只能取消外出计划。星期天一大早她开始做作业，情绪明显低落，字写得歪歪扭扭的。时间一分一秒地过去，三个小时后作业终于做完了。但是当看到她写的字时，我的暴脾气上来了，喊她把写的全部都擦了重写，还一直责骂她，说了一大堆数落孩子的话，她也一边擦字一边哭。就这样处理完孩子的作业，美好的周末就过完了。等到冷静下来，我也很后悔、自责，为什么从一开始不能给孩子好好说呢？晚上睡觉的时候我对她说："宝贝，妈妈可以抱抱你吗？"她说："可以啊。"我就问她："妈妈下午那样凶，你当时心里是怎么想的？"她说当时一点都不爱妈妈了，觉得妈妈也不爱她，觉得妈妈好凶。我对她说："妈妈永远都爱你，如果我们换一下角色，你是妈妈，平时上班比较忙，周末好不容易休息，是不是特别想陪宝贝出去玩啊？"她想了想说："是的，那以后我一定要在周末前把作业做完，然后妈妈就可以带我出去玩了。"我心里对孩子说："宝贝对不起，妈妈以后一定注意控制好自己的情绪。"

——家庭教育工作坊学员　怡妈

我的小儿子天性好动，简直是一个破坏王，每次破坏东西之后少不了挨我的一顿收拾，但是情况并没有改善。上周周三晚上，他跑到厨房，把醋、生抽、老抽倒在一个碗里，还洒在了炉盘上、地板上。水槽里全是他倒出来的花椒。我走进厨房看见那一幕，简直火冒三丈，我才买的调料就被他这样糟蹋了。换作是以前，他免不了挨一顿打，可是参加了学习后，我决定改变方式。我先深呼吸压压火，然后蹲下问儿子："你为什么把调料全倒出来呀？"儿子说："你炒菜要用，我帮你倒出来。""儿子，妈妈炒菜会自己拿，而且也用不了这么多，你倒在地上就浪费了，也不能用了，妈妈还得花钱去买，以后还倒不倒了？"儿子回答："以后不倒了，不浪费了。"我表扬了他做错事情愿意改正的态度。之后那几天儿子都在我面前邀功："妈妈我不会倒醋了，妈妈我没有乱拆东西了，妈妈我没有乱丢衣服了……"这就是粗暴的打骂和正面管教之后孩子不同的表现。我真的庆幸自己参加了家庭教育工作坊的学习。

——家庭教育工作坊学员　扬妈

👉 点评

读完以上三个案例，我感到欣慰，孩子和家长都获得了更积极的情绪体验，这有助于更好地建立亲密的亲子关系。情绪是人的正常心理反应，需要我们去认识和管理。家庭教育工作坊带给家长们的第一个改变便是控制情绪。管理情绪是开启智慧父母修炼的第一课，是一切技巧和方法使用的基础。让我们一起来学习管理情绪吧！

👉 知识在线

我摘录了一些家长的来信，几乎每一封来信都涉及下面的问题：

我脾气暴躁，容易发火，和家人意见不统一，经常发生争吵，情急之下容易打骂孩子，对孩子言语不够委婉，可能造成孩子自卑。

我是一个性格比较急的家长，面对孩子做事和学习上的拖拉我很无助。

我忍不住要发脾气，有时候我气得火冒三丈，孩子却无动于衷。

我性格暴躁，不能控制自己的冲动，不知道怎样跟孩子有效沟通，遇到问题除了责骂和吼叫没有别的办法。

我不能控制好自己的情绪，特别是在孩子学习方面我比较着急，忍不住吼他。

我不知道怎样去跟孩子沟通，控制不了情绪，老发火，伤己又伤人。

孩子做作业拖拉，怎样才能不对他吼叫？

对于情绪的管理，已经成为父母的必修课程之一。绝大多数父母在上完整个家长课程后，总结自己最大的收获就是情绪更加稳定了。情绪管理是基础，是学好其他沟通技巧的前提。

我要先讲一讲"积极暂停"。积极暂停，指的是在感知自己情绪有所变化时，特别是负面情绪即将出现时，主动地采取暂停的方式，从当前的事件中退出来。这样做的好处是可以让彼此从矛盾冲突中暂时退出，待双方情绪都冷静后再理智地解决问题，避免在情绪失控时用过激的言语或行为伤害对方。

每个人都需要这样一个适合自己的"暂停区域"来帮助自己调整。这个区域可能是物理空间的，比如卧室的角落、书房的沙发、卫生间、书桌旁的空处等等；也可能是替代性的物品，比如一只玩具熊、一只布偶、一本书等等；也可以去做其他的事情，比如打扫卫生、外出散步等。

家长和孩子都需要积极暂停。

我之所以要把积极暂停和管理情绪放在一起，是因为在实施教育的过程中，往往在负面情绪出现时，我们最需要积极暂停。这时也是最好的练习积极暂停的机会。

情绪管理的三步策略：

第一步，梳理——清楚自己在什么情况下会情绪失控；

第二步，站位——我要做情绪的主人还是奴隶；

第三步，行动——闭上嘴，实施调节办法。

第一步：梳理。梳理自己在什么时间、什么地点、什么情况下比较容易情绪失控。

一般在如下几种情况下父母易出现情绪失控：①当听到老师或者

其他人评价孩子表现不好的时候；②当孩子不听自己指挥的时候；③辅导作业时，讲了几次孩子还是做错的时候；④当孩子在外面任性哭闹的时候；⑤当孩子做事情拖拉的时候；⑥当孩子让自己在别人面前出丑时；⑦当孩子起床生气大哭大闹的时候；⑧当孩子吃饭不认真时；⑨当孩子哭闹不去读书时；⑩当孩子和别的孩子打架时；⑪当孩子闷声不说话时……（后面的由你来补充）

　　第二步：站位。想清楚，面对孩子出现的问题时，我们是大发一顿脾气，还是专注于解决问题，并引导孩子获得某种能力或品德。两种选择的结果将会是什么？大家都知道，惩罚的短期效果就是孩子会假装听话、假意屈服，但很快会再犯，犯错的频率会增加，亲子关系变得更加糟糕，孩子会越来越不听话。因此，我们会一致选择专注于解决问题。此时一定要非常清晰地告诉自己不要"推开"孩子，我们要和孩子一起解决问题。

　　第三步：行动。接下来让我们采用头脑风暴的方式在选择轮上填写大家想到的方法。比如：①暂时离开，如在阳台上、书房里冷静一下，出去散散步，在楼下走一走；②转移注意力，如做家务、洗衣服、擦玻璃；③数数，在内心大声地数出来，从一数到十；④心理暗示，孩子是亲生的，打骂孩子不好；⑤请家人帮助，让自己先撤离一会。⑥把冷静提示卡贴在显眼的地方或最容易让自己发脾气的地方，比如孩子的书桌前。⑦妈妈可以默念"我是温柔、漂亮、大方的妈妈"三遍，爸爸可以在内心呐喊"我要做一个好爸爸"三遍。这些方法都来自于家长们的实践，非常有效。（后面的由你来补充）

| |
| |
| |
| |
| |

　　当大家看到情绪选择轮被填得满满的时候恍然大悟，平时总认为自己没有办法控制自己的情绪，结果这些办法都是自己想出来的，原来自己是有能力控制好情绪的。在日常家庭教育实践中，我们要把握好生活中练习控制情绪的机会。

　　当然，我们还需要花费很长的时间去教会孩子管理情绪。这并不容易。如果你并不知道该如何去引导孩子管理情绪，可以参考针对情绪行为障碍的孩子设计的情绪管理课程，教会孩子认识情绪——高兴、开心、愤怒、悲伤等人类的基本情绪；感知自己和他人的情绪——分辨每一种情绪出现时的表情、动作、姿态、语气；管理自己的情绪——当消极情绪出现时，我们可以选择哪些方法来缓解和控制情绪。借助一些情绪记录表和评价表来帮助孩子观察自己是否做到了良好的情绪管理。如下表：

情绪记录表

	星期一	星期二	星期三	星期四	星期五	星期六	星期天
事件							
情绪							

喜 高兴　　怒 生气　　哀 伤心　　惧 害怕

另外，也可以用绘制情绪彩虹图的方法。用不同的颜色表示不同的情绪。一般用鲜艳明亮的颜色表示积极情绪，用深沉灰暗的颜色表示消极情绪；用不同的宽度来表示情绪持续的时间长短，形成一幅情绪彩虹图。当然，绘画本身就具有缓解情绪的作用。

也有许多绘本故事可引导孩子处理情绪，如《菲菲生气了》《生气汤》《不是第一名也没有关系》《我的情绪小怪兽》等，都值得我们和孩子一起读一读。

我们可以把和孩子一起制作的情绪图张贴在家里显眼的位置。家长和孩子都可以借助图示清楚地感知情绪。视觉上的直观提示可以有效地唤起孩子对自己情绪的感知，让愤怒的情绪及时刹车。通过浏览情绪图，也方便孩子随时评估自己的心情，通过可看、可指的方法去理解和观察自己的情绪。下图是我和四位孩子一起绘制的情绪脸谱，看看孩子们的情绪多么的丰富。年龄小的孩子们非常喜欢

这幅情绪脸谱图，他们可以在不识字的情况下用这些脸谱图表达自己当时的情绪。

　　在我的侄女 3 岁半、女儿 2 岁半的这段时间里，她们每天在家里发脾气的次数也是让人头疼不已，我意识到必须要抽出时间来解决这个问题。有一天晚饭后，我邀请她们坐在一起商量这个问题，问她们愿不愿意用画图的方式来表达自己的情绪，比如用笑脸来表示自己高兴，用哭脸来表示自己伤心、生气、难过。她们点点头说愿意，姐姐说要画一只小狗表示生气，画一只小猫表示高兴；妹妹说要画一只青蛙妈妈表示担心，画一只青蛙宝宝表示高兴。我带着她们画好简笔画，由她们自己涂色，然后粘贴在客厅的墙上。之后的一个月，她们打架、吵架、情绪大爆发时，我便引导她们看自己的情绪图，并教她们用语言来表达自己的心情，比如我现在很生气，是情绪图里的小狗；我现在很担心，是情绪图画里的青蛙妈妈。大约一个月后，两个孩子有情绪时，我只需要稍加提示："你觉得自己现在是情绪图画里的谁啊？"孩子们渐渐地会感知自己的情绪了，我顺势引导她们感知家人的情绪。当我高兴、生气、着急时，我会问她们现在妈妈是你们情绪图画里的谁

呢？我们又一起探讨一番，孩子们因此初步学会了感知他人的情绪。接下来，我引导他们在各个活动中练习情绪处理的方法：画画、安静地看书、唱儿歌、紧张放松法、抱着洋娃娃、在自己的狭小空间里去待着、深呼吸、数数、大声说出来、爸爸妈妈抱、吃水果……当然，孩子还有好多情绪管理的方法。

　　有一次，女儿嚷着要我帮她穿衣服，我的心一下子蹿出火苗，感觉很生气。我克制住自己，然后放低声音对她说："妈妈听见你这样说突然就很生气了，心里好像有一团火在燃烧，很难受。"我的女儿接下来的反应萌化了我，她马上停止吵闹，站起来给我说："妈妈，来跟我做。"然后，她屏住呼吸，伸出双手，做了一个从肚子往上送气的动作，长长地吐一口气，接着双手从上往下压下来，她还提醒我多做几次。我问为什么要这样做呢？她说因为这样可以把心中的大火球变成小火球啊。看吧，我们要相信孩子，只要我们愿意教，愿意陪孩子练习，愿意等待，他们一定会长成最美好的模样。

行动指南

　　1. 绘制情绪彩虹图。用不同的颜色表示自己一周的情绪变化，并有意识地提醒自己要利用这些变化练习管理情绪的能力。

　　2. 梳理情绪处理的方法。思考哪些方法适用于自己和孩子，并积极地实践这些方法。

　　3. 把自己管理好情绪的事件用文字、图画、微信、QQ 等方式记录下来，或者分享给更多的人，日积月累的成就感会持续地鼓励我们坚持下来。

　　4. 教会孩子管理情绪的方法，并和孩子反复地练习，直到孩子可以很好地处理自己的情绪。相信自己，也相信孩子，现在的练习终将会帮助你养育出一个拥有良好的自我管理能力的孩子，一切都是值得的。

👉 行动计划

1.绘制情绪记录表，梳理本周的情绪变化。绘制方法：准备一张白纸，在上面画出格子，填入常见的表达情绪的词汇，和孩子一起将这些词汇画成图卡。

兴奋	喜悦	乐观	温暖	甜蜜
振奋	自信	高兴	感激	愉快
舒适自在	振作	平静	满足	陶醉

2.和孩子一起来制作情绪选择轮吧！绘制方法：准备一张白纸，画一个圆，从圆心开始，画几条线段连接至圆的边缘，将圆分隔成几个区域，或不画圆，直接从中心开始向外画线，分隔成几个区域，称为选择扇。两个工具的用途、操作流程和方法一致。

3.和孩子一起设计家庭里的积极暂停区域。把你们的规划图画在下面的表格中。

六、我是否拿着三把伤人的"剑"

☞ **家长的困惑**

——我每天都要求他要听话，多说几句，他就说我啰唆。我都是为了他好，他却一点都不领情。

——我从不打孩子，也不骂孩子，我觉得自己已经做得很好了，孩子却总爱和我对着干，不知道问题出在哪里？

☞ **案例分享**

一直以来，我都认为自己在教育儿子的方式方法上没有什么不妥，自认为在教育孩子上做得比较好。可是，参加了家庭教育工作坊的学习之后，我才意识到自己需要改进的地方太多了。我记得曾经问过儿子："你觉得自己幸福吗？"儿子说："有时幸福，有时不幸福。"听了孩子这样的回答，我还特意讲了一大堆的理由："我们把你从农村带到城里上学，从幼儿园开始就给你报兴趣班，上学之后又报补习班，你的玩具一大堆，放假也带你出去旅游，父母尽力给你提供最好的学习条件，你怎么还会觉得不幸福呢？"我当时简直不能理解儿子，觉得他太不知足了。比起老家的孩子，他现在是多么的幸福啊！直到有一天，儿子用很不满的语气跟我说："妈，你为什么总是强迫我去做我不喜欢的事？总是拿我跟别人去比较，我感觉一点都不快乐！"我感到震惊，我这都是为儿子好呀！我希望儿子少走我以前的弯路呀！我希望他将来可以成为优秀的人呀！儿子为什么不是感激而是埋怨呢！我不理解，直到现在，我才明白我所谓的为了儿子好的背后是自我意愿的强加，是想把儿子塑造成自己心中满意的儿子，而忽略了他是个独立的个体，忽略了孩子的天性、需求、感受！此后，我常告诫自己，不能像以前一样，为了发泄怒火而打骂孩子，不能不跟孩子沟通就把自己的意志强加给孩子，不随意给孩子贴标签，不苛求孩子做力所不能及的事，尊重孩子的合理意愿，不能不顾及孩子的感受……我希望通过自己对孩子实施积极的家庭教育，能让孩子有一个良好的转变；我希望孩子长大以后能够说："我的童年是美好的！我的生活是快乐而幸福的！"

——家庭教育工作坊学员　熙妈

孩子是独立的个体，也有思考和选择的权利，你不放手怎么知道他到底做得好与不好呢？参加了家庭教育工作坊的学习之后，我立刻学以致用，现在孩子对我的态度也改变了很多。以前每次孩子做作业我都会不停地催促他，孩子就很烦。现在回家每次做作业之前我会提醒他做好准备工作，整个过程我也不会去打断他，反而效果还很好。如果自己实在感到很生气，很想发脾气，我就会跟他说："我很生气，需要冷静一会儿。"我再也不会像以前一样对他又是一通说教。记得有一次我在一边没说话，孩子还专门跑到面前来问："妈妈，你是不是又心情不好了？"其实孩子真的很单纯，有时候我们不能以大人的想法去要求孩子，孩子虽然还小，但是他有自己的做事方法和处理问题的方式。家长最大的问题就是在孩子做事的过程中强行干涉，导致孩子体验不到事成之后的成就感，渐渐地养成了依赖性。其实父母的行为就像是一面镜子，孩子的行为就是父母行为的反射，只要父母做好了榜样，孩子自然会学到正确的行为，所以我们要从现在开始做好自己，学会尊重孩子，让孩子从内心真正地佩服你，做好他人生的第一任导师。

——家庭教育工作坊学员 皓妈

在一次放学的路上，我看到一个一年级的孩子一边走一边哭，哭得挺伤心。原来这个孩子在学校里上课不认真，老师请家长聊聊孩子的情况。他爸爸从教室出来就一路不停地骂孩子，说了许多难听的话。我开始反思，我之前也像这位家长一样，一般不给孩子任何解释的机会就认定是孩子的错。后来在家庭教育工作坊中，老师采用角色互换的方式，让我从中体会了很多。我意识到，原来很多时候我们责骂孩子，给孩子传递了许多的不信任、不理解、不尊重；总是把自己的想法强加于孩子的头上，强求他做我们觉得应该做的事情，认为做不到都是孩子做得不好，严厉地责备孩子，这对孩子的伤害实在太大了。

——家庭教育工作坊学员 欣妈

读完三位妈妈的讲述，你有什么感触？熙妈说希望孩子长大以后能回忆说："我的童年是美好的！我的生活是快乐而幸福的！"这不正是每位爸爸妈妈的心愿吗？我们都很爱孩子，但传递爱的方式却让我们的爱大打折扣。幸好，我们能认识到存在的问题，丢掉了啰唆、强迫、自以为是，让孩子能真正地感受到我们的爱。亲子间的美好感觉是无法用简单的字词来形容的。在几位爸爸妈妈和孩子的互动中，我们看到了那种幸福的美妙体验。来吧，让我们丢掉错误的教育方式，让我们的爱不再伤害孩子。

☞ 知识在线

很多家长常对孩子说："孩子，你要好好读书，我们家就靠你了！""你为什么不好好读书？我们一家都指望你出人头地。"家长不愿意成长，却把所有对美好生活的追求都强加给孩子，于是孩子背负着大人的愿望成长，最终的结局可想而知。在咨询工作中家长们的抱怨大多是："我们总是认为自己做得很好了，把能给的都给了孩子，我这么辛苦为的就是让孩子能好好读书。孩子非但不感激，反而成天都和我们作对，学习成绩也跟不上，跟我们说话也常常没有个好语气。孩子根本不理解我们。"有位爸爸训斥孩子："你要什么我都给你买，没有哪一样缺过，为什么你还是这么不听话？"听一听，这是多么忧伤的养育关系，犹如恋爱中的一厢情愿——我溺爱你，你却不领情。

我们当父母的觉得自己已经尽心尽力地为了孩子，所有的辛苦需要孩子来理解和承担。在这种思想指导下，我们自然会强迫孩子接受我们的指令，不停地啰唆和唠叨。我们的口头禅是："我都教过你多少次了，你还……你是不是故意要气我？"用这种口气说教，导致孩子对家长的话充耳不闻，孩子常常开启"非要模式"，家长说东，孩子非要往西，家长说不准做的事情，孩子非要去做。由此亲子互动陷入了恶性循环，关系越来越糟糕，孩子越不可能朝着我们的期望发展。

现在的家长大都不会采用"孩子不听话打一顿就好了"的体罚方式作为管教手段，看似文明了，其实自以为是的好、强加罪名、啰唆与唠叨仍然是三把伤人的"剑"，直接击中孩子幼小的心灵，这是不流血的痛，常常让孩子泛起痛苦的记忆。

有一天，我的一名小义工，一个四年级的女孩，穿着一双红色的粗跟靴子来到我的办公室，我很诧异。这个女孩每天都要参加学校的田径队训练，学校每天还有固定的一个小时的体育锻炼课，她今天怎么会选择穿不适合运动的鞋子呢？她说，因为她妈妈最近非要她穿这双鞋子，每天出门还会监督她穿，如果妈妈上班走得早，就特别交代奶奶监督她穿这双鞋子。我问她自己的想法，她说："我根本就不想穿，我这一周每天脚都很痛。但是，如果我不穿这双鞋子出门，我妈妈或者奶奶就会大骂我一顿，她们非要我听她们的，我的脑袋都快要爆炸了。"我问她，你反抗过吗？她说反抗了一次，然后妈妈指着她的鼻子骂了一顿，之后她就放弃抗议了。虽然，我不知道为什么这个孩子的妈妈非要孩子穿不合适的鞋子，但是我确确实实看到了一个因为家长的强势要求而受到伤害的孩子。

　　一个周末，我带女儿和侄女去公园做烤胶画，旁边来了一家人，婆婆爷爷、爸爸妈妈、小女孩。女孩3岁左右，她说要涂烤胶画，妈妈就带着她去选，女孩说要小猪佩奇，妈妈说颜色太简单了，要女孩选了公主画，然后坐在了我们旁边开始作画。妈妈开始指导孩子如何认色、涂色。只听她一直在说话，手也没有空下来，她一边给孩子提出问题一边自己动起手来。孩子说要自己做，妈妈马上就说："你这个弄不好，我先帮你，妈妈是在给你示范。"眼看要做了一半了，妈妈仍没有给她参与的机会，孩子大声又干脆地说："我要吃火腿肠。"旁边的婆婆立马递上火腿肠，然后孩子一边吃一边看妈妈表演如何涂色。女孩的爸爸对妈妈轻描淡写地说了句："你是自己想做哦！"妈妈一句话呛了过去："她自己做不好！"爸爸瞬间闭嘴，哼笑一声不再说话。孩子中途没有事情做，她妈妈开始给孩子分派一些任务，让她选出对应的颜色，孩子可以站起来拿一些颜料，然后看着妈妈涂色。女孩的妈妈看着我坐在女儿旁边什么也不做，抬头问了一句："你们家孩子多大了？"我说一个四岁，一个五岁。她泛起一丝微笑："难怪不用帮忙，原来是比我们家的大。"我只好浅浅一笑，不好再说什么。这个妈妈的"勤快"抢走了锻炼孩子的机会，同时她还用言语压制了孩子争取独立的权利。

　　在教育孩子方面，有一个理念随时在指导着我：如果我做得过多，孩子做的机会就少了。我们不需要锻炼，可是孩子们需要锻炼。我知道答案，可是孩子要的是过程。女儿从会稳稳地站立开始，就在厨房里帮我洗碗、拖地、打鸡蛋、淘米、倒垃圾。她的很多件衣服上都保留了画画时粘上的颜料；学折叠纸飞机的那段时间，家里能找出几十只纸飞机。当她觉得自己不会做时，最多来问一问步骤是什么，绝不允许我伸手去触摸她未完工的作品，因为她相信自己可以通过练习完成，一张纸不行再来一张。女儿从小就很独立，不允许任何人包

办她能做的任何事情。

有一天早晨，我赶去上班的路上，在等红绿灯的间隙，听见旁边的奶奶教导小孙女与人交往的礼仪。奶奶说："妞妞，今天别人叫你，你要回答哦，不然别人不喜欢你。"奶奶低下头去帮孙女整理了一下衣服，继续说："别人喊你不回答，不礼貌，我会不要你，听到没有？"可爱的女孩站在奶奶的身边一声不吭，静静地听着奶奶说了一大段"奶奶不要你"的话。

有时候，我们会错误地以为是孩子在和我们争，所以即使内心知道自己有些要求是过分的、错误的，仍然会固执己见，不愿意对孩子"低头"。很多家长常说的就是："这次一定要把孩子收拾下来，无论如何不能让孩子得逞，否则下次就很难再压得住了。"一种"权斗"的现象普遍出现在家庭教育中。有一天我去学校附近的广告公司装订资料，一位妈妈碰见了我，忙拉着我说："老师，我们家孩子才读一年级，就已经随便怎么打都不承认错误！几乎天天都要被我打一顿，我其实也不想打他，打在他身上，我也心痛，但是又想到必须要让他服我，所以每次都狠心打，一次比一次打得厉害。我该怎么办呢？"我问孩子犯了什么错误？她说做作业总要做错几道题。我问她为什么作业做错了要挨打呢？"因为他做错了就该挨打！"这位妈妈理直气壮地回答了我。她管教孩子的思路很简单：作业做错了就该挨打，挨打了就说明你该认错，认错了你下次就不能再犯错了。很明显这个逻辑是不正确的。

作业做错的孩子需要的是学业辅导（讲解、练习），而不是惩罚。孩子从最初的辅导需求，发展到故意和妈妈对着干，即使挨打也不愿意向妈妈承认错误。家长认为孩子做错了就要承认错误，孩子认为自己没有错，你凭什么总是打我。结果往往是，表面上家长赢了，孩子按家长的要求做了，但是实际上，孩子的内心在反抗父母的管教模式。如果你一贯如此，孩子会认为家长不过就是在强迫我、啰唆、指责、不尊重我，由此导致亲子关系恶化，孩子也会越来越不听你的指令，即使你某次是善意、正确的处理，对孩子来说也不起作用。当这些孩子被老师推荐来参加情绪行为康复辅导或心理咨询时，他们因为长期受到家长的负面评价，而不相信自己可以做到很多事情，老师需要花费很长的时间去帮助他们重塑信心。

有一次，笔者参加应用行为分析的主题学习时听到了一句形象的话，"如果你是一个提着锤子的人，那什么人在你眼里都是一颗钉子。"换句话说，"如果你是一个提着锤子的家长，那么孩子的一切行为在你眼里都是一颗钉子。"

有一位妈妈给我发信息说，她女儿最近总是爱打家人的脸，每次发生这种事情，家长就教育她，但是过一段时间又会发生，都怪小时候没有把孩子"收拾"好，以为大了就好了。而这次有朋友就建议他们狠狠打一顿孩子，让她长长记性。大家的惯性思维好像都是这样的，孩子不听话，语言上教育、身体上打一顿就好了。事实上，她们正在扮演着这个拿着"锤子"的人，每一次对孩子的教育不过是让孩子反复强化自己就是那颗令父母讨厌的"钉子"罢了。

我想用最简单的一句话来阐述我的观点：不用简单、直接的"你错了，要听我的"来评价孩子当下的错误行为，那么你将成功一大步。

身为父母，要想改善亲子关系，必须要毫不犹豫地丢弃自以为是的好、强硬的指令、啰唆与唠叨这三把伤人的"剑"，不再做那个提着"锤子"的家长了！

行动指南

1.心态转换。理解孩子是一个独立的个体，有自己的思想，有自己的权利。我们的辛苦不是做给孩子看的，不需要孩子来承担。

2.改变常规思维模式。孩子只有在感觉好一些的时候才会做得更好。

3.停止啰唆和唠叨，有事说事，抓住事情的关键词说。比如，孩子

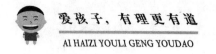

早上拖拉，穿鞋子慢吞吞，直接对孩子说关键词"穿鞋，走"。

4.停止给孩子强加罪名，避免说"你脑壳有问题，你就是笨，错了还顶嘴……"

5.如果已经伤害了孩子，给孩子真诚地道歉，这是修复亲子关系有效的好办法。

👉 行动计划

1.反思：我常常使用的三把"利剑"在生活中的表现是什么？请具体描述。

2.思考：我可以尝试做哪些改变？

七、陪伴的力量

——我没有时间，总是很忙，都是妈妈在负责带孩子。我不知道陪伴有没有意义，孩子也没有给我表达过希望我陪她。

——我每天都陪着他做作业，不会做的题就马上给他讲，他有时候还说我烦，感觉自己的陪伴没有多大作用。

——我周末常带孩子出去玩，他在一边玩沙子，我就看看手机，或者和朋友一起打打牌，这算不算陪伴呢？

☞ 案例分享

做父母的总想着把最好的都留给孩子，这很容易造成盲目给予，根本没有去想孩子到底需不需要，没有教会他们付出。通过家庭教育工作坊的学习我明白了，给予孩子陪伴和温情的指导才是最重要的。当问题发生了，父母陪伴在孩子身边，找一找问题所在，一起讨论该怎样去解决问题，而不是总以家长的姿态去教训孩子，避免适得其反，让孩子离我们越来越远，不愿意和我们沟通。

陪伴的力量真的是不容忽视的。这段时间孩子回家的第一件事情就是去书房拿一本书跑到我面前，可爱的眼睛看着我说："妈妈你给我读一个故事吧！"故事读完后，孩子就自觉去写作业，吃了晚饭后又读一个故事，睡前再读一个故事。有时候我会说："宝贝今天好棒，妈妈奖励你一个故事好不好？"把他高兴坏了。我的陪伴让他发自内心地说："妈妈我感觉自己这几天好幸福哦！"我问："为什么呢？"他说："因为你现在不玩手机了，给我讲故事，陪着我呀！"孩子的世界就是这么的单纯、美好，父母的陪伴让他们满足、开心。

以前我认为只要给孩子吃好、穿好就行，现在发现以前的自己是多么的无知、多么的自私。由于孩子的爸爸长期没有陪伴在孩子的身边，所以又当爹又当妈的责任就由我一个人承担了，只要孩子不听话我就发脾气，有时候还会惩罚他。还好，我悬崖勒马，要不然就亲手毁掉了孩子的一生，成为一个真正不负责的妈妈。最近我们在家里用便签写上各自想说的话，然后贴在墙上，看着他写的话突然发现孩子真的长大了、懂事了。我要从陪伴做起，做真正负责任的好妈妈。

——家庭教育工作坊学员　哲妈

参加家庭教育工作坊的学习让我在教育孩子的路上能够更多地学习到好的方法，受益匪浅。我平时喜欢打牌，很少关注孩子的事情，也并不知道教育孩子还有这么多学问。我认为孩子会慢慢地长大，该学的大了自然就学会了，忽略了孩子在成长过程中需要一个好的家庭教育环境。以前我基本没有管过孩子，都是孩子妈妈在管，一切生活、学习、陪伴都是妈妈，包括这次来参加家庭教育工作坊的学习都是孩子妈妈为我报的名，她跟我说了很久我才决定来试一试的。以前如果有朋友请客吃饭，我吃了饭就去打牌了，完全没有考虑到孩子第二天还要读书，还有作业没有完成。我晚上回到家就玩手机或看电视，从来没有过问过孩子的作业，根本没有在孩子面前树立一个好的榜样。自己有那么多的不足却还不自知，对家庭没有尽到应尽的责任。我和孩子交流甚少，不理解孩子的想法，很少关心他，与孩子渐行渐远……这些都是我以前与孩子日常生活中的常态。对于教育孩子，以前我觉得自己不需要学习，孩子的妈妈懂得管孩子就可以了，直到我参加了家庭教育工作坊的课程，才让这一切有了很大的改变。我听了老师的课深深地领悟到，对孩子的教育父亲起着非常重要的作用，在孩子的成长中父亲的陪伴至关重要。感谢老师让我学会了做更好的自己，不管是父亲的角色还是丈夫的角色我都要自我反省，拿出应有的责任与担当。

——家庭教育工作坊学员　妍爸

自杨杨上学以来，每天我们都利用放学回家的时间或者睡前几分钟，听他说一说班级的事，谈谈同学间的趣事，我耐心地倾听他的讲述，不时加一句自己的看法。孩子很珍惜这段时间。一直到现在，我们都保留着这个习惯。他会主动分享他在学校开心的或不开心的事。我们不仅是母子，还是无话不谈的朋友。我一有空就和孩子谈心，节假日和孩子共同制订作息时间表，陪着孩子一起看书、学习、锻炼，帮助他形成良好的习惯。

众所周知，学习是很枯燥的，对大人如此，更何况对六七岁的孩子。学校老师布置的作业杨杨会毫无条件地完成，但是对于一些他总是做不好的事情就会抵触。我记得杨杨以前学数数时总是数不到100，不是数错，就是数漏，最后我陪他一起玩数字游戏，把1~100的数字卡打乱顺序，让他把数字宝宝按顺序送回家。第一天玩1~20，第二天玩21~40，以此类推，反复练习。这样连续几天，他能够熟练地从1数到100，他觉得很有成就感。这种方法提高了杨杨学习数学的兴趣。其实，只要我们家长多用一点心，多付出一点，孩子一定会在学习中找到快乐的！

——家庭教育工作坊学员　熙妈

☞ **点评**

从三位家长的分享中你领悟到了什么？一位是开始反思自己以往行为的爸爸，一位是丢掉手机陪伴孩子学习的妈妈，还有一位是与孩子共享聊天时光和做作业时光的妈妈。你也想和孩子保持良好的沟通吗？你想孩子对你无话不谈吗？你给孩子营造了表达的空间了吗？你的时间安排表里有哪些时段是固定地留给孩子的呢？让我们一起了解亲子陪伴的意义，感受那无与伦比的美妙时光吧！

☞ **知识在线**

孩子在成长过程中会遇到很多的事情，不管是高兴的还是伤心的，进步了还是遇到了困难，他都希望有人可以倾诉，家长肯定是孩子的第一诉说人选。作为父母，也想孩子能对自己无话不谈，能成为孩子最亲密的朋友。那么就需要家长为孩子创造可以倾诉的时机，让孩子感受到被尊重的氛围。陪伴为孩子找到了一个表达的途径，同时也让我们自己能清楚地了解孩子内心的想法。陪伴的巨大力量已经从上面的分享中得到印证。在我回访孩子的过程中，有一个孩子特别表扬爸爸最近变得很温柔，每天给她讲故事，让她觉得自己好幸福。从现在起，我们应尽可能地陪伴孩子。对孩子最好的"投资"莫过于父母爱的陪伴。

陪伴，一个很简单的词语，却是很多家庭教育中缺失的部分。在家庭教育工作坊里，有的家长说孩子小时候没有带在自己身边，一直寄养在婆婆爷爷家；有的家长说虽然坚持把孩子带在身边，但是因自己工作忙，陪伴孩子的时间很少；有的家长说自己天天都争取准时接送孩子，陪他做作业，可是陪伴的过程中好像亲子矛盾多于温情体验，尤其是辅导作业时就好像灾难片上演一样；有的家长说自己忍不住玩手机，在孩子面前没有管理好自己……

有一天傍晚，我带女儿在小区里玩滑梯，听见两个七八岁的男孩聊天。其中一个胖胖的男孩说："我都一天没有见到我爸妈了，不知道他们去哪里了。他们总给我钱买零食吃，我没有饭吃也只好吃零食了，所以我才这么胖的。"另外一个男孩接着说："我爸妈一年才回来看我一次。"我想如果这两个男孩的父母都能当面听见孩子说的话就好了，或许可以做一些时间上的调整，腾出更多的时间陪伴孩子。我接触的个案里有部分孩子虽然和父母住在一起，但常常只有周末才能真正见上父母一面——父母的工作时间到深夜才结束，孩子放学回家自己做饭，自己睡觉，家长回来已经是凌晨，早上孩子出门时家长还在休息，完全没有亲子沟通的时间。

我们理解生活的压力，每个家庭都有很多不得已的情况，但是我们仍然要关注孩子的需要，除了冷暖、饱腹以外，孩子的心理健康也很重要，父母的陪伴无疑是最好的"营养品"。

面对陪伴这个话题，家长们大致有三种回应：

第一种，不觉得陪伴有多重要，认为一切都没有挣钱来得实在。在挣钱和带孩子两件事上没有办法兼顾，所以只好选择将孩子放在老家或者将孩子丢给长辈带，自己则去外地工作或者虽然在家却全心投入工作。这一类型的家长有一个理念：孩子长大了就会理解父母的。这一种比例比较高，而且还有一个正当合理的理由：挣钱养家。我遇到一对夫妻，第一年生下大女儿后父亲就去西藏工作了，第二年生下小儿子后夫妻俩都去了西藏。两个孩子由奶奶一个人带，奶奶也很支持年轻人外出挣钱，所以也尽心尽力帮他们带孩子。第三年，家里就买了两套房、一辆越野车。现在两个孩子已经读幼儿园，每年过年一家人团聚，但一番亲子"大战"的状态让人心里很难受。孩子和父母都想互相亲近，但是又不知道如何亲近：饭粒洒在地上了，父母要打一顿；不小心摔倒了，父母要骂一顿；还几次把孩子关在门外反思，说孩子脾气怪得很，打算这几天就要把他纠正过来，免得以后不好管。夫妻俩忽略了

一点，没有陪伴的养育，连亲密的亲子关系都没有建立起来，如何谈"纠正"孩子。

第二种，不会陪伴。我在跟进一个案例的过程中和孩子的父母交流，旨在帮助家长认识到现在的焦虑状态是因为家庭中各个角色的矛盾以及父亲的陪伴缺失所导致的。这位父亲问我："什么是安全的家庭环境？我该怎么陪伴儿子？请你给我们做一些具体的描述，让我能有画面感，才知道怎么去做。"我特别感谢这位父亲告诉我这个问题，让我知道在向家长讲解时如何描述才能让家长更好地理解陪伴。

那么什么样的陪伴才算是真正的陪伴？

答案是：有为孩子就某些问题进行探讨或训练的时间，比如：孩子做作业拖拉，愿意抽出时间陪孩子一起练习作业时间管理，培养孩子的作息习惯；有陪孩子养成良好的作业习惯的固定时间段，有带孩子做游戏的快乐时光；有孩子学习时自己也在学习的表率；有带给孩子一起去感受幸福生活的美好感觉；有和孩子一起从事某种活动（不一定是多大的事情，如做家务或者锻炼身体）的经历。孩子可以在清晨见到父母的微笑，在放学的路上大手牵小手，一起做晚餐，一起游戏，一起学习，一起说晚安。这些都是能让孩子感到无比幸福的陪伴。

我家袋鼠爸爸是个特别喜静的人，不爱与人聊天，喜欢独处，但是陪女儿时很有耐心。他会让女儿做游戏时觉得特别刺激、特别疯狂。他可以把家里的床当成滑梯，把纸板当成山洞，把编织袋当成床，把矿泉水瓶子当成保龄球，女儿和侄女可以在和他的追逐游戏中开心地尖叫；静下来的时候，他可以给她们讲恐龙、讲机械、讲电器，也讲鬼故事。他的陪伴让孩子感觉非常有意义，即使他经常出差，孩子也不会觉得和他疏远；相反，他们的每一次见面都是一次快乐、陪伴的新起点。对于能带给自己美好幸福感觉的人，孩子们也会特别听他的话，接下来的亲子沟通就会非常顺畅。

第三种：短期的陪伴看不见效果便放弃了。因为孩子在家里没有得到足够的关注，往往会在学校里表现出寻求过度关注，通过惹"事"生非的行为让别人围着自己转。当老师看到这类问题后会建议家长及时做调整，家长会迫于学校和老师的压力调整自己的陪伴时间，但往往急于求成，没有真正地去理解孩子的需求，短期内没有效果就放弃了。这种情况比较常见。家长急于求成，不仅仅是反映在陪伴上，其他的教育策略运用也是如此，试一下没有效果便放弃。还有一种情况是家长错把陪伴当成了陪同。陪伴是有质量的陪同，是和孩子互动，是能带给孩子成长与快乐的心理体验；陪同仅仅是在时间和空间体现了和孩子在一起，当然，最终孩子仍然是"孤独"地成长。虽然孩子还是会长大，与别人无异，甚至有些孩子成绩比别人优异，但是孩子的心灵仍然是孤独的，回忆里没有父母的笑容。还记得我们的长远目标吗？其中有一个目标就是希望我们的孩子能拥有感受美好生活的能力，这个能力来源于父母在陪伴中传递给孩子的点点滴滴的温暖。

行动指南

1. 规划你的工作时间，尽可能抽出时间陪伴孩子。有句话值得分享，"下班的路就是回家的路。"

2. 腾出比较固定的时间静享亲子时光。

3. 设置特别时光，比如晚间话匣子时光、地板游戏时光、亲子阅读时光，让孩子放学后的时间充实、有意义。

4. 当孩子做作业时，家长可选择读书、练字等提升个人修养的事。

5. 和孩子一起面对学业上的问题，在陪伴中提供支持，让孩子知道学习是自己的事，但是遇到难题也不孤单，因为有爸爸妈妈在身边和他一起攻克难关。

👉 **行动计划**

1. 制订家庭作息时间表，留出每天陪伴孩子的时间。
2. 罗列出现在就可以做到的陪伴项目。

八、"无条件"地爱孩子

👉 家长的困惑

——我常告诉孩子如果认真学习、听话，我们就会爱他，给他买喜欢的玩具，可是孩子却常常不领我的情，很多时候不听我的指令，还常常嘟着嘴说我不爱他。我不理解为什么孩子会这样？

👉 案例分享

星期三下午发生了一件让我难以接受的事情。放学接到孩子，我们穿过马路，刚走到文具店门口时，小儿子班上一位同学的爸爸很严肃地质问我儿子是不是欺负了他的女儿，并说必须道歉后再走。我想，如果孩子欺负了同学就应该道歉，所以就让孩子独自面对，自己就在一旁等着大儿子放学出来。当我回头一看，小儿子正在哭，不知道是委屈，还是因为那位家长很严肃地批评了他，反正他就是不道歉。我上前去让孩子道歉，告诉他："你是男生，欺负女生不对，必须道歉。"那位家长也一直说不道歉不许走，一直拉着孩子。我当时心里一着急就狠狠地打了孩子一巴掌，让他必须道歉。孩子哭着给同学道了歉。我带着他上了车，他坐在后排看书，我坐在前面偷偷地哭，心里很难受。我心里满是悔恨的泪，很多个为什么一直在脑袋里打着圈：为什么我总是以父母的姿态去教训孩子？为什么总是以命令的语气让孩子不甘心地道歉？为什么不先控制好自己的情绪，和孩子一起寻找解决办法？如果当时我这样做了或许这件事情的结局就会是另外一种结果，不至于像现在这样糟糕。他见我不说话，关心地问我怎么了，似乎已经忘记了刚才的事情。希望他是真的忘记了，我在心里对他说："宝贝，妈妈欠你一个道歉。"

第二天早晨，当我还在睡梦中的时候，小儿子跑到我床边来说："妈妈我可以抱抱你吗？"我把他搂在怀里，歉疚地说："宝贝你可以和妈妈聊聊吗？"他爽快地答应了。"妈妈要为昨天打你的事情给你道歉，你接受吗？"我刚一说完，没有想到孩子主动向我道歉了。我接着告诉他："我们错了就要勇敢地去面对，对不对？"他肯定地点了点头。我亲了他一下，接着问道："你认为这件事情我们该怎么去处理呢？发动你的小脑筋想一想。"他可爱地用手指在脑袋上来回地画圈，想了一会儿说："有了。第一，我该主动去道歉；第二，不该欺负别人；第三，不应该惹妈妈生气；第四，要做一个有礼貌的孩子。"他还说可能叔叔是在和他开玩笑的，听孩子说完以后，我内心不知道给他多少个赞，一个才6岁多的孩子想一个问题都能想得那么深刻，还安慰我说同学的爸爸是和他开玩笑的。宝贝，妈妈爱你！妈妈一定会为了你们好好地学习，你们就是妈妈的动力，从今天开始我要争取做一个合格的、称职的妈妈。

——家庭教育工作坊学员　哲妈

 点评

孩子间发生不愉快的事在学校里是常有的，我们该如何处理呢？即使当时我们没有找到更好的办法去处理，事后又该如何正确引导呢？我们要给哲妈点赞，她用温情和正确的引导帮助儿子反思如何看待因与同学发生不愉快而被家长要求道歉的事情，帮助孩子学习更好地自我管理。面对孩子成长中出现的一个个难以预料的问题，我们没有办法帮孩子一一挡住，但是我们可以引导他们学会解决这些问题，使他们有更多的勇气和自信去迎接这些挑战。

☞ 知识在线

孩子摔倒时，父母微笑面对，孩子就会笑着爬起来。如果父母赶紧跑过去扶起孩子并对着地板一阵责骂，孩子就会为自己的摔倒找到借口。在孩子成长的路上，面对问题时的态度最初的参考范本是父母的态度。多年前，我做小学班主任时遇到一位对孩子要求很严格的爸爸，有一次拿到孩子被扣掉 5 分的试卷，当着老师和其他同学的面直接说了一句："我不要你了。"孩子眼里的恐惧立马变成两行眼泪噼里啪啦往下掉，让人看了伤心不已。我们爱的是孩子，而不只是表现好的那个孩子，孩子表现好并不能和获得父母的爱画上等号。

在第一期家庭教育工作坊的学习中，我们分享如何辅导孩子作业时，有一位妈妈给大家分享她经常这样教导孩子："你听话嘛，好好读书，考试考高分，妈妈就会喜欢你的！"我请其他家长扮演孩子，说一说听到这句话时的感受。大家一致说到感觉妈妈只喜欢成绩好的时候的我，并非真正地单纯喜欢我这个人。有时候，我们并不能自我感知自己说出来的话有什么问题，但是站在旁观者的角度却能一目了然。简单的一个角色互换引起了大家对自己平时说话的方式和语气的反思。

我们爱孩子，这一点谁都不会否定，但是我们要时刻记住，我们爱的是孩子，不是那个只是表现好、给家长争气的孩子，我们爱孩子，是爱他的全部。

首先，爱孩子是不应该附加任何条件的。

其次，我们需要了解孩子现阶段的能力发展状况。举个例子，你会

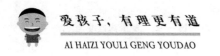
要求一个 3 岁的孩子写 3 000 字的文章吗？你会要求一年级的孩子一进校门就知道如何适应学校生活吗？孩子的老师会要求班里每个孩子都考100 分吗？答案是否定的，因为大家都知道我们要根据孩子的能力提出合适的要求，每一个阶段的要求都要匹配孩子最近的发展状况。了解了孩子现阶段的能力，才能提出正确的要求。

我的来访者中有一位妈妈，她有一对双胞胎儿子，弟弟出生时缺氧导致重度注意力障碍，相比哥哥的学习成绩，弟弟明显落后，他自卑、难过，交不到好朋友。妈妈一直对弟弟说，"你认真学习，成绩就会好，成绩好了同学也会喜欢你。"可是弟弟因注意力障碍，不论怎么努力也赶不上同龄人的学习水平。因此，孩子三年级时出现了严重的厌学心理。没有清楚地了解孩子的能力，错误地要求孩子与他人齐头并进，或者让孩子去追赶其他人，对孩子造成的压力和伤害是很大的。

有许多孩子因为生理发育的原因，比如多动症、感统失调、动作障碍、智力障碍等等，部分能力不及同龄人，更需要家长仔细观察、科学诊断和测试。如果发现孩子在学习、生活方面出现问题，可以到正规的专业医院进行诊断，或者通过专业的机构进行各方面能力的评估，以便更好地帮助孩子。例如，在学业方面，可以通过对孩子学习的观察、作业质量和考试成绩的分析进行评估；在动作能力方面，可以观察孩子的精细动作和大动作，对比分析儿童能力发展情况。了解孩子的能力，正视孩子发展中的问题，不是让我们知道自己的孩子有多差、多糟糕，而是让我们清楚地知道孩子现阶段的能力、下一阶段可以达成的目标以及我们可以提供的支持。

一位四年级的男孩由班主任老师转介到我的咨询室。他在学业上名列前茅，主要问题是总会因为小事发脾气，做出一些过激行为。比如，中午分餐时，如果打饭的同学不小心把打给他的饭撒到地上了，他就会丢掉餐盘说不吃了。老师把饭端给他，他就把饭敷在脸上捣乱。后来，经过访谈，我找到了问题的原因：孩子从小就与班级里几个同学住在同一个小区，另外几个孩子都是属于活跃型的，而他则属于感觉型。问题在于他的父亲总是对孩子说："你能不能像院子里其他几个同学那样大方地去交流，你看他们能说会道、大大方方，你再看看自己，怎么就这么害羞，你还是不是一个男孩子呢？"他的父亲反反复复地给孩子传递了"你不如别人"的信号，孩子的自信心和自尊心受到了打击，所以在日常生活中就表现出退缩、不知所措等问题。用"别人家的孩子"的标准去打击自家的孩子，以为这样可以激励孩子进步，但对孩子来说，其实是多了一种变相的伤害罢了。

我们和孩子沟通应保持温和的态度，用语言和行动去体谅孩子的感受。当孩子遇到问题时，他的感受是什么？当孩子还不具备丰富的词汇时，我们可能需要借助感受词汇表去帮助孩子理清自己的感受，体谅孩子的感受。如对孩子说："你看起来很伤心，对吗？"用这样的口气和孩子聊天，孩子会感受到你对他的尊重和关爱。这一技巧在后面"帮助孩子抒发感受"一节有详细的阐述。

面对问题，温情是沟通的基础。我们希望孩子主动负起责任，能独立解决问题，那么我们需要做的是用启发式的提问引导孩子积极地思考。当孩子处于还没有成熟到自己能找到解决办法的阶段，我们可以提供清晰的指引，帮助他引出具体的目标。同时，在他需要你的时候，陪伴他并提供帮助。面对孩子的退缩，我们需要做的就是鼓励。有时候孩子会反悔，或者想挑战，或者逃避责任，我们要做的就是坚定立场。

在走向长远目标的路上我们要牢记，对孩子最大的尊重就是帮助孩子成为更好的自己。利用温情与正确的引导相结合的模式，一定可以帮你更好地教育孩子。

☞ **行动指南**

父母的爱是什么样子的？

1. 不恐吓孩子，避免说"你不听话，我就不要你了"之类的话。

2. 拥抱孩子，鼓励孩子，陪伴孩子……你还可以做更多。

3. 爱孩子，爱那个有很多优点，也有很多缺点的孩子；爱孩子，专注于帮助孩子解决问题，而不是任由自己的情绪去伤害孩子。

4. 清楚了解孩子的能力水平，帮助孩子寻找合适的发展目标。如果孩子有特殊教育需求，寻求专业老师的帮助，陪伴孩子一起训练。

5. 体谅孩子遇到事情的感受，引导孩子抒发情感。

6. 尊重孩子，征询孩子的看法和意见，倾听孩子的计划。

7. 控制情绪，保持语气温和、表情柔和。

8. 用启发方式和孩子对话，引导孩子思考问题，寻找解决问题的办法并承担责任。

9. 给予孩子能力水平内的指引，清楚地告诉孩子下一步该做什么。

10. 要引导孩子制订每个阶段每件事情的目标，让孩子有自己的成长目标，也有对每件事情的清晰目标。

11. 如果孩子有需要，提供如时间、物质、人员、技术等方面的支持和协助。

12. 面对孩子的半途而废和退缩、逃避等，坚定立场，按约定办事。

行动计划

让我们一起来运用本节的技巧解决问题。下面是两位妈妈提供的案例。如果你的孩子也存在类似的问题，你会怎么做呢？

1. 孩子一到吃饭时间就看书，妈妈叫他几次都不理会。孩子总是一边看书一边吃饭，这让妈妈很苦恼。一方面，妈妈希望孩子养成良好的就餐习惯，另一方面，妈妈也很困惑，觉得孩子爱读书是好习惯。她不知道该不该阻止孩子吃饭时看书，也不知道该如何去引导孩子养成良好的就餐习惯。

2.孩子骑车玩，不小心撞到了他人，被他人严厉地批评，他觉得很难过，一直在哭泣。这位妈妈想知道该如何帮助孩子正确理解和处理这件事情。

这两个案例没有绝对正确的解决方案，不同的孩子在不同的情境中出现同样的事情，解决的方法会不一样，但是我们解决问题的思路是一样的。下面是解决问题的路径：

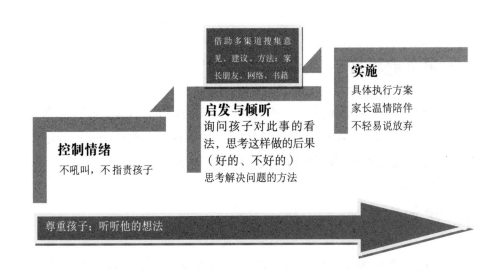

借助多渠道搜集意见、建议、方法：家长朋友、网络、书籍

实施
具体执行方案
家长温情陪伴
不轻易说放弃

启发与倾听
询问孩子对此事的看法，思考这样做的后果（好的、不好的）
思考解决问题的方法

控制情绪
不吼叫，不指责孩子

尊重孩子：听听他的想法

九、给予孩子"加分机制"

☞ **家长的困惑**

——孩子说他不想读书了，不想我做他的妈妈了！我整天都在夸别的孩子乖，谁考试考了高分，谁写字写得漂亮，谁跑步跑得快……我只是想用这种方式来激励他，我不知道到底自己错在哪里？

☞ **案例分享**

通过家庭教育工作坊的学习，我们重新认识了和孩子正确的相处模式，发现我们自己做得不够、做得不好的地方。詹老师说，人之所以优秀不是因为他没有缺点，而是因为他有很多或很突出的优点，而我们往往在跟孩子的相处过程中很容易忽略他们的优点。所有家长都望子成龙、望女成凤，都希望孩子们是最棒的。作为家长，我们似乎并没有意识到孩子心里背负了来自家长无形的"美好压力"。我们很少跟孩子进行有效的沟通，往往是我们向孩子诉求我们的期望，并没有给孩子机会让他们说出自己心中的真实想法。记得孩子上二年级时，有次开家长会，我跟班主任交流孩子的情况，我和孩子爸一直都觉得孩子比较内向，不善于表达，不喜欢把班上、学校发生的事情讲给我们听。结果孩子在学校的表现出乎我的预料，老师说孩子在学校表现挺好的，老师交代给她的事情她都能够很好地去完成，是老师的好帮手；上课也积极回答问题，愿意跟老师交流。我当时听了很诧异，怎么回事？这说的是同一个人吗？我回家后反复想是自己哪儿做得不对才会使孩子有这样的表现？我想可能我们对她太严格了，太吝啬对她的表扬，她心里完全放不开，担心自己做得不够好。因此我在以后的日子里试着慢慢地跟她多交流，鼓励她，让她感觉到我们都为她骄傲；下班后等她做完作业我们一起玩，并主动问她学校的事情。有时她不想说，我也不像以前那样马上否定她，而是及时地肯定她，告诉她，"今天你们学校发生了这么有趣的事情，说不定明天有趣的事情更多，到时你回来告诉我们，好吗？"这样慢慢地，我们晚上吃饭的时候她的话多了，即便我们不问学校发生的事情，她都会主动说。因此，作为家长，我们在孩子面前不要吝啬自己的赞美，要多给他们肯定和鼓励，孩子会越来越自信。

——家庭教育工作坊学员 瑶爸

👉 点评

瑶爸的分享带给我们思考：孩子缺少的不是能力，而是父母的鼓励。当孩子失败时，我们仍用欣赏的眼光去鼓励他们，孩子感受到的是家长满满的爱，是继续前行的动力。只要给他们平台，给他们自信，孩子是可以做得很好的。父母要用"加分机制"让你的孩子走得更远，走得更好。

👉 知识在线

积极的家庭教育强调"加分机制"，我们首先关注的是孩子的优点、已经做了的、做得好的方面，哪怕是很小的事，仍然不影响我们用欣赏的眼光去和孩子交流。在家庭教育工作坊里，我看到一份一年级男孩的期末试卷，第一大题是口算题，共20题。我要求家长努力从第一大题里面发现点什么，结果不出所料，家长第一眼就发现了错的那两道题。接着我问还发现了什么？家长接着说做对了18道题。面对孩子的学业，我们第一思维模式就是在总分里扣分，这就是"扣分机制"。我们从小接受的教育也是这样，错了就要扣分，多错一道题，分数就相应被扣掉。所有孩子都是奔着100分在学习，很少有人会提示我们这次一道都不会做，下次会做一道就是进步。我们接受的是"留意过错与缺点"这样的评价模式，所以在辅导孩子的学业上，自然对孩子也是这种评价模式。我们总是对孩子说："100分的卷子，你才考80分，那20分是怎么回事？"我们换位思考一下，在我们小时候，当别人用"你才会这么点，被扣掉那么多分，是怎么回事？"这时我们的心情是不是难受极了。又或者在工作中，领导或同事对我们做出类似的评价，你的心里是什么感受呢？如果我们总是接收到这样的评价，是不是对自己很失望，觉得自己可能真的做不好、很笨、就是糟糕。同理，如果我们总是采用"减分机制"的评价法对待孩子，那么孩子就会逐渐变得不自信、不敢去做，或者故意不做好来印证家长的评价。

　　"扣分机制"不仅仅存在于家庭教育中，很多环境中也习惯性地采用了这种评价机制。比如，孩子们听写，写错了就会被要求重写，而做对的一般不做点评。在学校做集体操时，老师不太会去关注那些做得很规范、认真的学生，一般会把那些做得不好的学生作为重点点评对象。我们错误地以为"扣分机制"能让孩子改正错误。我搜集了20名孩子对此的看法，孩子们的真实想法是："当我妈妈批评我的时候，我感觉糟糕透了，我觉得她根本就不爱我，她认为我是没有用的，我也不想做好。""当我爸爸吼我时，我真的一点都不想学习了。"

　　有天晚上，三岁的女儿开始自己洗澡，洗完后得意地喊着："爸爸帮我取一下浴巾，我洗完了。"爸爸走进去说："没有洗干净，让爸爸来帮你冲一下。"随后，我听到了号哭："我不要爸爸了。妈妈，快来抱我！"爸爸一句否定的话深深地打击了尝试自己洗澡的女儿，她生气了，用哭喊来反抗爸爸的否定。父女二人因一句话当场不欢而散。

　　我们的长远目标是想培养出一个自信的孩子，而且尽心尽力，苦口婆心，但是孩子却与我们的期待渐行渐远。我们需要反思是不是错误地选择了"扣分机制"才导致了这种局面，是否在孩子的脑海里留下的都是你的批评、否定、打击。传统的教育方式认为，孩子只有受到了批评才会有所长进。我们应看到，我们的目标是希望孩子进步，但我们的行为却在否定孩子。用强化的理论来解释，使用频率高的东西会被我们的大脑保留，在脑海里形成较深的记忆；使用频率低的东西则被大脑自动清除或藏在最深处。老师每天会布置作业，就是利用强化记忆的原理。试想，一个孩子犯了错误，他的老师先批评他不是乖孩子，他的同学跟着指责他，回到家，妈妈先责骂他不是乖孩子，晚上爸爸回来了再狠狠地批评他不是乖孩子。因为一个错误，一天之内孩子被强化了四次"不是乖孩子"，孩子的自我认知能往积极的方面发展吗？

　　如果我们能改变固有思维，尝试使用"加分机制"，并把它运用到和孩子交流的各个情境中，那么孩子就一定会接近我们的教育目标。

　　有三个孩子给我这样描述他们对父母的期待："希望每次考试回家，父母能多看到自己跟上一次相比的进步，还应对比每次的难度，不要只看到自己错了多少。""做作业时，希望爸爸妈妈能表扬自己今天有进步，写字工整了，做作业速度快了，反正不要老批评我做得不好的地方，害得我心里很不舒服，很难静下来好好做作业。""希望每次吃饭时，能表扬我吃肉、吃菜了，不要每次都批评我挑食、长不高，我已经很努力了。"

　　在家庭教育工作坊我还发现一个现象：越是焦虑的父母越难发现孩子的优点，从而就越难改变惯用的评价方式。要改变惯用的评价方式，就要多发现孩子的优点。这就要求我们父母要学会欣赏孩子，要懂得欣赏他人是建立在悦纳自己的基础上。由此，我邀请大家从欣赏自己开始练习，先说出自己的三个优点，大家一下子就笑开了：说从来没有想过要说自己的优点，大部分时间是为了孩子和家人忙活，哪里有空隙顾及自己。一圈轮流下来，虽然每个人言辞间都还有些羞涩，但都当众说出了自己的优点：善良、孝顺、宽容、爱运动、温柔、爱笑、带给周围人快乐、勤劳、有能力养活自己、从不放弃、自信、组织能力强、家务活做得很好、能控制自己的情绪……在夸自己的时候，我看到更多的爸爸妈妈们开始展露笑容，这一份来自内心的自我肯定开始发挥作用，它会像磁场一样影响家庭，家里的人也会感受到温暖和美好。

发现自己的美是一种能力，发现孩子的美更是一种能耐，我们要把它变成一种习惯，对孩子多赞美，孩子就会高高兴兴地改正错误。

练习"加分机制"的固定句式：

我看到／注意到你已经获得了／做到了／完成了……你一定可以解决的……你可以做得更好！

比如，孩子拿着试卷回家，100分的试卷，这次考了80分，我们可以这样说："爸爸看到你这次考了80分，比上次多了3分，有进步。爸爸相信你还可以攻克这次不会做的题。加油！"孩子的感觉会完全不一样，他们从家长的话语里听出了肯定、鼓励、支持，会形成这样的自我评价："我虽然会做错，但是我可以做得更好。"由此孩子就会自发努力学习和改善。

让我们行动吧，等着收获孩子回应你的惊喜。

☞ 行动指南

1. 敞开心扉，发现孩子的美。用一颗童真的心去看孩子的世界。

2. 对孩子想尝试的一切活动报以欣赏的眼光，分清楚危险和困难，在保证孩子安全的前提下鼓励孩子试一试。

3. 关注孩子已经做到的，哪怕只是很小的一个优点，用语言将这些优点放大，让孩子听到的都是他可以做到、有能力做到的激励。

4. 持续地鼓励和肯定孩子。

5. 句式练习：我看到／注意到你已经获得了／做到了／完成了……你一定可以解决的……你可以做得更好！

☞ **行动计划**

想想孩子的优点，请至少填写出孩子拥有的三个以上的优点。

孩子的优点
1.
2.
3.
4.
5.
6.
7.
……

我们还可以在哪些方面给孩子用"加分机制"，请填写至少三项改善计划。

我的改善计划
1. 当孩子考试了 80 分时，我……
2. 当孩子胆小害怕时，我……
3. 当孩子帮助了我时，我……
4.
5.
6.
7.
……

十、放手，让孩子学会独立

👉 **家长的困惑**

——我很担心女儿的成长，我随时小心翼翼地保护着她。她小时候在我的照顾下乖巧极了，现在她长大了，我每天按时接送她上学，害怕她出事，害怕她交友不慎。我想我的担忧也已经影响她了，她不愿意和同学交流，做事缩手缩脚。老师已经多次向我反应这个情况。我也感觉到这样不行，我该怎么做？

👉 **案例分享**

最近一段时间，女儿喜欢上了炒菜，要是以前，我一定会认为炒菜是件危险的事情，肯定会制止她。但是在家庭教育工作坊我学习到应该怎样去正确看待一件事，无论什么事情都会有它的两面性。炒菜其实对于一个快 12 岁的孩子来说不是一件危险的事情。对于没有学习过炒菜的女儿来说，这最多算是一件困难的事。只要有我们父母在旁边，帮助她、指导她，她一定可以做好的。现在每天一放学孩子就抓紧时间把作业写完，只要看到我还没有开始炒菜，她就提出要帮我。经过这段时间的努力，她现在可以自己独立地做出一道菜来。看着她的进步，我从心里感到开心。

——家庭教育工作坊学员　悦妈

其实孩子们都是很聪明、很懂事的，家长的喜怒哀乐他们完全能感受到。前两天我的手疼，放学路上我就问："妈妈手疼，晚上不能洗碗了，你们谁可以帮帮妈妈？"小儿子说："妈妈，回家你就去床上躺着，不要动，我和哥哥做。"结果当天晚上，两个儿子做得很好，把厨房收拾得干干净净。有时候家长适当放手，会让孩子更好地成长。

——家庭教育工作坊学员　哲妈

点评

谢谢两位妈妈的分享。其实，是所谓的"爱"让我们蒙蔽了眼睛。我们许多时候对孩子的管教都被自己贴上了"我爱你，所以才这样管你"的标签。如果之前的你一直没有办法让自己放手，看了两位妈妈的分享，不妨放开手试一试，你一定会看到一个更懂事、更独立的孩子。

知识在线

在成长中，一个懵懂的孩子需要去感知很多事才能积累丰富的经验。对于陌生的世界，孩子常常表现出恐惧、胆怯，在家长的鼓励下去尝试，才会勇敢地面对。为了保护孩子的安全，一些家长会限制很多，比如限制孩子到处爬，限制孩子吃手，限制孩子和他人说话，限制孩子玩泥巴，限制孩子做家务等等，当孩子做出家长不允许的事情时，家长便会传递出打手、大声禁止等信号，孩子会感受到惧怕。如果父母总是这样做，孩子对生活充满的是不自信。可喜的是，现在很多父母已经意识到了这一点，懂得多鼓励孩子去做，尽可能多地采用正面的语言和孩子交流，主动改善和孩子的关系，这是家长们的很大进步。

孩子在早期的发展中会经历许多关键期。"放手，让孩子在独立中成长"这个理念带给家庭教育很多思考。作为父母，我们总是"强悍"

的，什么事情我们都能为孩子做，我们的双手也是"妙笔生花"的，凡是孩子需要的，我们也一定亲手奉上，甚至有时候，我们觉得自己做得还不够，还可以为孩子做得更多，事无巨细，统统包揽。当孩子想自己吃饭了，妈妈便会说"你看你吃得满身都是，好脏，来妈妈喂。"所以孩子之后一直都需要你喂饭；当孩子再长大一些，你又嫌弃他吃饭不认真。当孩子想帮你打扫卫生的时候，你会说："你弄得到处都是，哪里是帮我打扫，完全是捣乱，一边去玩自己的。"而孩子再长大一些，你又批评他总是不体谅你，不帮你做点事，甚至自己的东西也收拾不好。我们过度地保护孩子，导致孩子在发育的关键期本应具备的能力被自己大包大揽而被扼杀掉。现在有"妈宝男""妈宝女""啃老族"这些词语，形容的都是孩子过度依赖父母，但是这种依赖其实来源于父母给孩子传递的"我不可以独立、我不可能独立"的信号。成长是孩子自己的事，我们帮孩子做了本应由他们自己完成的事情，孩子做什么呢？我们不希望将来孩子成为"巨婴"，那作为父母，我们就要学会放手！

由此我们要控制好自己"勤劳"双手，给孩子更多的机会，让孩子体验自己做事情的价值感，他们才有继续做得更好的动力。

每一期家庭教育工作坊我都会做一个调查，我问家长孩子很小的时候是否允许他们吃手，结果一半以上的家长对此表示严厉制止。他们的理由是太脏，会把手吸坏，不好看，别人会笑话等。在小区里我会看到好多这样的例子，几个月大的孩子刚把手放进嘴里，家长便立马阻止，有的还要打几下孩子的手以示警告。这些都是错误的做法。吃手这个动作是婴儿智力发育的一个信号，是婴儿手指功能分化和手眼协调准备阶段的标志之一。许多孩子因为婴儿时期种种行为被禁止，成长中焦虑和自卑表现得特别明显，甚至还严重影响到小学阶段的适应能力和学习能力。

在陪伴孩子的成长中，我们要学会区分危险和困难。什么是危险？比如孩子在马路上乱跑就是危险。什么是困难，比如幼儿园的小朋友还没有学会如何过马路，这就是困难。危险需要制止，困难需要通过学习去克服。

如果我们判断孩子的行为有危险，自然就会采取行动制止；如果我们看到这是孩子遇到的困难，自然就会采取协助的策略。

以孩子在不同年龄段接水喝这件事情为例，如果我们一开始就认定孩子接水喝危险，我们会用语言"不准接"和动作"打手"去阻止他完成这件任务，那孩子就会收到"我不行，我不能做"的信号。

如果我们把它当成困难，当孩子2岁时去接水，我们提供的协助会多一些，把着孩子的两只手，一起端着水杯，一起打开热水按钮，接半杯后关掉按钮；孩子3岁时，我们提供的协助会少一些，陪着孩子一起，一边用语言教他，一边根据情况提供细节上的帮助；孩子5岁了，我们提供的协助程度会再降低一些，在旁边看着他接水，在他偶尔不注意的细节上用语言提醒他；孩子再大一些，我们完全不用再协助。这就是面对孩子有困难时提供不同程度的协助法。协助在程度上可以分为全协助、部分协助、零协助；在协助方法上可以分为身体协助、视觉示范、语言提醒。

针对这个困难，我们用下面这个表格来示范如何给孩子进行协助。

协助程度 ⟍ 协助方法	全协助	部分协助	零协助	期望行为
身体协助	妈妈手把手带着孩子接水	妈妈拉着孩子的手，握稳水杯或者帮孩子打开按钮	妈妈只在一旁看孩子独立完成接水动作	孩子能独立接水喝
视觉示范	妈妈示范如何接水	孩子按照示范接水，不会的环节妈妈协助	妈妈示范结束后，孩子独立完成接水	
语言提醒	妈妈说明整个接水过程，全程用语言引导	孩子按照妈妈讲解的过程接水，不会的环节妈妈再用语言指导	妈妈讲解结束后，孩子独立完成接水	

在孩子成长中面临的许多问题同样可以用这个表格作为参考，学习如何给孩子提供协助。比如案例分享中，悦妈协助孩子学习如何炒菜；比如一年级的孩子们学习如何削铅笔，学习写字，学习整理自己的房间、自己的书包，学会自己放学搭乘公交车回家，开始分担家务，学习洗碗、扫地、晾晒衣服等等，这些都离不开我们家长的协助。

再一次强调，我们要学会站在孩子的角度分辨危险和困难。

我去女儿幼儿园开家长会，每一个活动时段，老师都让孩子自己摆放和收拾凳子，老师就站在教室前面静静地看着。我把这个话题带回家庭教育工作坊，请大家谈谈对3岁半的孩子们自己摆放凳子的看法。讨论中，大部分家长仍然觉得这样做有危险。我们看下面的对话。

孩子需不需要学会搬凳子？——需要。

在这个场景中，我们担心的危险是什么？——孩子碰着别人，撞到自己。

如果当成困难，我们觉得孩子的困难是什么？——手臂力量不够，走路容易摔倒，导致可能提不稳凳子。

老师（成人）可以做什么？——教他们把凳子放低再移动，协助他们拉开行走的距离。观察他们，如果需要帮助及时提供。

从这个思路来思考，3岁半的孩子们自己摆放凳子是危险还是困难？——困难。

再次总结思路：

孩子需不需要／可不可以学习／学会……（这个能力）？

我们（父母）最担心什么？——父母眼中的危险。

如果当成困难，你觉得孩子有什么样的困难？——可能的限制，比如孩子学洗碗，但是个子矮了，够不着洗碗槽。

我们（父母或其他成人）可以怎么做？——提供协助的具体方法。

我们还需要把这个思路放在其他的情境中继续练习，分辨危险与困难，直到父母们能感受到放手的次数多了，孩子得到锻炼的机会多了，那你的放手一课才算完成了。

👉 行动指南

1. 给自己一点时间，思考孩子成长中会遇到什么样的困难？什么是危险？

2. 多询问孩子的看法。你可以这样问："你需要我的帮助吗？"

3. 对于危险，你也可以清楚地罗列清单，明确地告诉孩子。

4. 训练自己，多用允许的态度去鼓励孩子；多用困难的眼光去协助孩子。请记住，是协助，而不是包办！

👉 行动计划

回忆孩子已经会做的事情；思考孩子目前的年龄段已经会做的事情。填写我们可以放手让孩子做什么事情，然后将这个计划落实到实际行动中去。

孩子已经会做的事情	同年龄孩子可以完成的事情	可以放手让孩子做的事情
1.	1.	1.
2.	2.	2.
3.	3.	3.
4.	4.	4.
5.	5.	5.
6.	6.	6.
7.	7.	7.
……	……	……

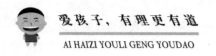
十一、和孩子玩游戏

👉 家长的困惑

——孩子每天都有家庭作业，没有游戏的时间，怎么合理安排时间呢？

——在家里可以做什么游戏呢？

——我们都是大人了，再玩游戏，是不是太幼稚了？孩子会和我们一起玩吗？

👉 案例分享

我印象最深刻的是家长活动中的一个简单的游戏，我们在游戏中总有人犯错，有的人还会重复犯错。对于孩子，他们犯错时，我们是以什么态度去对待他们呢？小生命的到来是一家人欢天喜地的事情，孩子在父母眼中是那样的可爱，父母们都会觉得自己的孩子是最棒的。孩子一天天长大，父母们的心也越发得不到满足，孩子考99分的时候，对孩子指指点点，"这么简单的题，某某都考了100分。""这个事情谁谁谁做得多好……"诸如此类的指责每天都发生在爸爸妈妈身上。父母赋予了孩子生命，孩子承载了父母所有的希望。试想，当作为父母的我们被要求做一件力不从心的事情时，我们会怎样？会反抗，会抵触，种种负面情绪扑面而来。我们的孩子也是一样的，但是我们对他们少了些许耐心和宽容。从"1+1"开始，给孩子讲一遍、两遍、三遍的时候，我们心里那座"火山"就喷发了，"你怎么那么笨啊，说这么多遍你都不会，你是猪吗？"很多伤人的话就像开了闸的水，一涌而出。我们回想一下，宝贝们小时候有一点点进步我们就会给予肯定，现在为什么孩子长大了，有一些不足我们就不能原谅，或者不能宽容呢？

——家庭教育工作坊学员　净妈

我是火爆脾气的家长，我大多时候都过于钻牛角尖，对孩子期望过高，所以我从不在乎孩子的想法，也从来没有认真倾听过他的想法，没有问过他想要什么，想说什么。一直以来我越希望他认真学习，他越不认真，我感觉他总是跟我对着干，我常会毫不留情地动手打他。孩子曾经很多次说不想给我当儿子，还说恨我，抱怨我总是说别人家的孩子好。谢谢老师通过做游戏的方式让我明白了人无完人，即使成年的我们也会因为如"1234321"那么简单的数字游戏出错。老师带给我们的几个游戏足以说明，不管多简单都会有做错的时候，所以不是孩子无能，不是孩子笨，是我们眼里容不下孩子的错误，把孩子的缺点不断放大，把优点全扣在了别人家的孩子头上。不管对自己还是孩子，不要轻言放弃，一次不行就两次、三次、四次，不放弃终会成功。

——家庭教育工作坊学员　源妈

👉 **点评**

谢谢两位妈妈积极地参与了我们的游戏，真诚地分享了自己的心得。我们对孩子给予了全部的爱，但是常常却不能做到爱孩子的全部。这是因为我们爱的是孩子，而不是不犯错的孩子。我们用对大人的要求去要

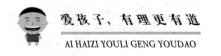
求孩子，孩子会觉得很受伤。两位妈妈的分享真切地提醒我们，用完美的标准去要求一个稚嫩的孩子，太苛刻，也不现实。同时，游戏的趣味性也打动了很多家长，他们享受游戏带来的快乐，也将这份快乐带回家与孩子互动。他们称其为"玩中学，学中玩"。如果你能加入我们的家庭教育工作坊，相信你也会喜欢上我们的游戏，并且获得新的思考。

👉 **知识在线**

做游戏是我在家庭教育课程中刻意加入的内容，比如："1234321""捉虫虫""鬼来了"等游戏。

我记得家庭教育工作坊有一期学习中，我带着大家玩"鬼来了"的游戏，大家围成圈，一人扮演鬼去抢凳子，所有人在游戏中狂叫大笑，那种开心的场面至今让我记忆犹新。有位家长说："这是我当妈妈以来最开心的一天。"游戏的治愈功能毋庸置疑，不管哪个年龄段的人都需要。

我们可以从游戏中去学习规则，锻炼注意力、理解能力、表达能力、创造能力、团体合作能力，可以学会在团队中如何与人相处，还可以改善动作能力、协调能力。毫无疑问，将游戏带入家庭，欢乐气氛会增加很多。

我学习了一个团辅游戏，名字叫作"你是几个人来的"，我以此为原型，结合家庭教育的课程需求进行了创编，取名为"1234321"。

游戏操作方式：一人当主持，问："你是几个人来的？"一个人站起来回答："我是一个人来的。"两个人站起来回答："我们是两个人一起来的。"三个人站起来回答："我们是三个人一起来的。"四个人站起来回答："我们是四个人一起来的。"然后又是三个人站起来回答："我们是三个人一起来的。"再然后两个人站起来回答："我们是两个人一起来的。"接着一个人站起来回答："我是一个人来的。"

游戏开始之前，我故意问大家认识这几个数字吗？都会写吗？大家都频频点头表示很简单。我接着仔细讲解了游戏的规则，然后问大家清楚了吗？大家点点头说好像明白了。活跃一点的家长已经开始给旁边的人讲应该如何玩了。我接着说："好的，既然大家都知道了，我也已经讲过了，我们做游戏时你们就不能出错了哦。"大家纷纷摆手，"怎么可能，还是不可能全对。"我追问道："我讲清楚了，你们就应该懂了，全做对才合理呀！""我们不敢保证，我们还没有全听懂。""那为什么我们常常教孩子一两遍，孩子不会你就会生气呢？"大家忽然笑起来，都明白了我故意设置问题的意义——我们大人都不能做到听一两遍就能全做对，何况一个孩子？！

接着我用图示法，在一张白纸上画出整个活动的规则，家长跟着图的变化，频频地说："哦，原来是这样。"我告诉大家，现在要给你的理解度打分，0分表示完全没有明白游戏方法，10分表示非常清楚游戏方法，你会打几分？家长说七八分吧。看到了吗？就算老师做了清晰的口头解释、直接明了的流程提示，一群拥有成熟理解能力的成人也只能懂个七八分。

我们仍然需要实际的练习，经过练习才能真正地理解游戏的规则，并不断完善自己通过听和看获得的信息。

经过一轮练习后我们开始游戏。游戏中大家玩得特别兴奋，情绪高涨，注意力高度集中，虽然错误不断，但是欢笑声一直未断。

游戏结束后我们一起讨论了以下三点：

（1）家庭需要游戏。

在体验参与游戏的快乐之后，大家都认为游戏很重要，它是增进亲子关系的好方法，而且很多简单的家庭游戏可以在网络上搜索到，方便快捷。每一期的家庭教育工作坊，大家都特别期待我们的游戏时段，参与的爸爸妈妈都说每周一次短短10分钟的游戏居然能把一周的忧郁和烦恼赶跑，他们特别享受可以在游戏中放松自己的那种感觉。同样，游戏也能带给家庭成员幸福体验。因此，在我的口头禅"一定要带孩子做游戏！"的强化下，很多父母改变原来只要求孩子吃饭、做作业的枯

燥状态，开始带着孩子做起了游戏，他们与孩子的关系变得更融洽了。早上和孩子道别时，孩子还会提醒父母别忘了晚上要和自己做游戏，特别期待每天和父母晚间互动的时光。家长也通过游戏打开了和孩子交流的一扇窗。孩子愿意拉着父母一起玩，不再是每天晚上除了辅导作业就找不到共同话题的局面。下面附上部分游戏供大家参考。

益智类游戏：棋类游戏（五子棋、军棋、中国象棋、围棋、国际象棋、跳棋）；迷宫游戏；学习游戏：猜字组词、3 的倍数、逢 7、四字成语、数独游戏；卡片游戏：桌面游戏卡片、自制各种意义的扑克卡片。

圆圈游戏：抓坏蛋、跑圈圈、追泡泡、扑鱼、击鼓传花、丢手绢、窃窃私语、彩色龙、大西瓜小西瓜、开火车、队形变换游戏。

道具游戏：箱子、皮球、编织袋、纸卡、米袋子、盒子、易拉罐、矿泉水瓶子、洋娃娃、报纸。

我女儿和侄女在家里用纸箱子做小鸡出壳的游戏，钻进编织袋里睡大觉，拉着米袋子做袋鼠跳，收集了几十个矿泉水瓶子打保龄球，用报纸做皮球，把洋娃娃变成自己的弟弟、妹妹。

养殖活动：养花、栽多肉植物、养绿萝、种小豆子、种小白菜、插蒜苗等等。带上孩子去院子挖泥巴、种花，捡树叶拼小动物非常有趣。

绘本：利用已有的绘本听、读、看、演，也可以读过故事之后和孩子一起用各种形式将情节展示出来。当孩子还不会写和画的时候，可以口述，由爸爸或妈妈记录。当孩子有一定的故事积累后，可以一家人即兴创作故事。有一次我和女儿唱着《采蘑菇的小姑娘》，准备去采蘑菇，邀请爸爸客串，爸爸突然变成一朵要吃人的蘑菇，即兴的故事变化让孩子的灵感也激发出来，孩子调动已有的语言基础与爸爸对话。不要在乎故事的逻辑性，因为游戏强调的是美好的感觉，故事的逻辑性和语言的流畅就放在专门的阅读时光吧。

感觉统合游戏：抬小猪、贴墙壁、不倒翁、筛米、切萝卜、按摩操、打保龄球、飞机起飞、拔萝卜、刷子挠痒、火车钻山洞等等。

我侄女的触觉敏感度非常高，然而她适应新环境的能力较差。刚读幼儿园的那一周，我们基本上是在她的哭泣声中送她进幼儿园的，她很害怕去陌生的环境。我决定放下手中的工作，尝试采用万能的游戏来帮助她释放自己紧张的情绪。从第二周开始的每一天晚上，我们都有一个小时的游戏时间，家人只要有空也都会加入游戏活动中。我们玩了切萝卜、种西瓜、满地打滚、传球、抬小猪、梳子按摩……好多的游戏。第一天，我确定游戏是非常有用的。在疯狂的游戏中，孩子们大笑大叫，完全投入到游戏中，创造了无比搞笑的童言童语。游戏一结束，她们欢快地去洗漱了。第二天早上，没有了侄女的哭叫声，非常的平静，我们都鼓励她："今天的状态很好，一定能在幼儿园度过开开心心的一天。放学回来又有好玩的游戏哦。"一周左右，侄女的状态完全稳定。我们一直保持玩游戏的习惯，哪怕是在院子里围着圈圈乱跑，也被我们改编成了"小狗狗抓坏人"的游戏。当她们学会了很多游戏后可以自己玩，我们就空出一些精力和时间处理自己的事情，需要时再加入。我也会不定时地给她们带一些新的游戏回来，让她们百玩不厌。

（2）感受"这么简单你都不会"的杀伤力。

在和大家探讨完游戏的必要性后，我告诉各位爸妈，现在我要扮演一位家长。我用严厉的语气，一手叉腰，一手伸出食指，颐指气使地指着家长们说："强爸，你刚刚错了3次哦。""明妈，这么简单，你都好意思错。""你们这边两位，错了几次，每次都在你们这里卡住，你们笨得可以哦。"还有一位妈妈添油加醋地接了一句"像猪一样。"当我说完这句话后全场所有人都安静下来，一下子从之前参与游戏的兴奋中变成了面无表情或者很生气地看着我。我严厉地说："我在问你们呢！回答我！"沉默几秒钟后，有几位家长回答我："你来啊，就知道批评，不玩了。"大家都处在一种尴尬、面色不悦、气氛紧张的状态中。然后我从角色扮演中退出，回到讲师的角色，邀请大家先回忆自己在家中说"这么简单，你都要做错"这句话的频率。大家的回答是常常说，频率很高，有的家庭是天天都会说，特别是辅导孩子做作业时这种话说得最多。家长们表示很多时候不是真心想这样责骂孩子，但是一看到孩子做错了就忍不住脱口而出。我们接着讨论刚才在游戏中自己犯了错（或者没有犯错，在群体活动中即使老师没有对自己说这句话，但是依然会感受到压抑），听到"这么简单你都不会"这句话的真实感受。每一期的参与者都说感觉糟糕极了。有一位妈妈说当自己被骂的那一瞬间有想哭的感觉，自己给孩子说这句话时孩子也一定很难过。我趁机问大家，当孩子感觉好一些的时候做得更好，还是孩子感觉差一些的时候做得更好呢？大家一致认为当然是当孩子感觉好一些的时候做得更好。所以，我们的结论是：停止说"这么简单你都不会"，他让孩子有自信，就能做得更好。

（3）赞美失败。

成年以后，很少有人会用试卷考试等方式来明确地告诉你对或者错。我们选择职业也倾向于选择我们擅长的，不会做的事情我们可以拒绝。即便生活中偶尔犯了错误，也没有人会批评我们。诸如各种原因导致我们忽略了自己也是会犯错误的。我们开始抚养孩子后，把目光聚焦在孩子身上，孩子的一言一行都在我们的眼中，当然，孩子的失败也被我们尽收眼底。失败是一个大概念，包括孩子摔到了，孩子把杯子摔坏了，孩子考试考差了，孩子竞争失败了等等。我们会对孩子的失败感到着急、失望，我们可能会责骂、过度包办等等，希望能帮助孩子改变。我们忘了一点，失败是每个人都要遭遇的，而且失败并不是什么大不了的事，它是孩子成长过程中的一部分。

这也是我设计游戏的一个原因，游戏中必然有人会犯错。作为父母，我们也需要去体验这种失败的价值——它并不影响个人成长，但是却可以让我们反思。作为家长也是会犯错的，没什么大不了，我们还有没有一种更好的方式去接纳失败呢？

我问大家生活中有过起哄或者被起哄的经历吗？我邀请大家把这种起哄精神带进家庭教育工作坊。当有人做错的时候，其他人放开喉咙大声笑、大声叫，拍桌子、跺脚、鼓掌都可以，用十分的热情来起哄。我们再次开始"1234321"的游戏，游戏中几位爸爸不停地做错，大家一次次高声欢呼，每一个错点都好像演唱会的高潮部分一样，欢呼声越来越大。所有的人都在这种热烈的氛围中放轻松下来。这次是什么样的体验呢？被人接纳了，被团队接纳了，做错了也没有关系，我还有机会做得更好，我不觉得丢脸，没有谁停下来羞辱我，错误被每个人接受，没有什么大不了，感觉很好、很棒等等。这就是赞美失败，用一种起哄精神去看待自己和孩子随时会出现的错误。既然失败是生活必然遭遇的，那我们不如赞美它吧。让我们以一颗孩童般天真的心去接纳这些错误，去接纳这些失败，相信在积极的心态下，我们和孩子们一定会做得越来越好。

👉 **行动指南**

1. 每天或者每周安排游戏时间，如地板时光、故事扮演游戏、感觉统合游戏、箱子游戏、袋子游戏、动物跳、躲猫、抓坏蛋、跑圈圈等，这些都是我们家长不容错过的经典游戏。

2. 养成换位思考的习惯，站在孩子的角度思考孩子现在所面临的问题；根据孩子的能力教导孩子，等待孩子成长，停止说："这么简单你都不会。"

3. 真诚地接受自己和孩子的失败，理解生活中遭遇不成功的事情随时都可能发生，失败是我们生活的重要组成部分，每次失败都是我们重要的一次经验累积，拥抱与赞美失败。

👉 **行动计划**

1. 我的空余时间有哪些？哪些时间可以安排给孩子做游戏？（建议你制订一张作息时间表）

星期时段	星期一	星期二	星期三	星期四	星期五	星期六	星期天
早晨							
中午							
下午							
晚上							

2. 收集游戏。记录下和孩子玩过的游戏吧！（这也是你和孩子最美好的记忆哦！）

序号	名称（和孩子一起取名）	玩法	照片

3. 记录下和孩子一起赞美失败、拥抱失败的故事！

十二、我可以专注于解决问题

👉 **家长的困惑**

——有时在教育娃娃时，我的情绪总是控制不住，往往是爱发脾气，问题不但没有真正解决，反而破坏了和孩子的关系。

——孩子没少挨打，却没有看到任何效果，问题还是那些老问题，不知道怎么办？

👉 **案例分享**

我女儿最近两个月爱和他们班上一个成绩不怎么好的同学玩。这位同学每天都带手机去学校，还爱玩"陌陌""抖音"之类的社交软件。起初，我觉得同学之间玩没什么关系，没有阻止她们一起玩。但是，最近她们班的一位同学告诉我，我女儿最近已经被那个女生影响了，学习没有之前用心，说话有时候还会带脏字。我向詹老师请教该怎么办。老师用五个问题给了我解决的思路。老师问我是希望在这个问题上和孩子有对抗情绪，还是希望她能听得进去，解决问题？如果我们把这次问题当成一个成长的机会，这件事可以让女儿获得一种什么能力？可以寻求谁的支持或者通过故事、事例等获得支持？另外，要和孩子在一种比较温馨的环境中去讨论，孩子可以发表自己的看法，并让我思考在家里哪些事情能让孩子感到温馨，使女儿难以产生逆反情绪。说实话，这件事情要是换作我以前的处理方式，肯定会强制性地控制她，命令她不准和那个同学一起玩，但在参加了家庭教育工作坊的学习以后，我真的改变了不少，我女儿说我现在变温柔了。我决定采用老师的建议，平复自己的情绪，思考女儿回来之后如何和她聊一聊。我反复告诉自己不要和女儿产生矛盾，因为我做这件事情就是为了让她学会交友、学会管理自己，而不是为了把她推得远远的，不是为了骂她，而是为了解决问题。当晚我们坐在一起洗脚时，我和她一起聊天，给她好好讲道理，把这件事的利弊都做了分析。出乎意料，这个问题居然愉快地解决了，她自己主动说以后会好好把握和那个同学的距离。孩子的良好反馈再一次证明了只要我们愿意专注于解决问题，控制好自己的情绪，就一定能和孩子一起解决好问题。

——家庭教育工作坊学员　唐妈

👉 点评

看了以上的案例，我们清楚地看到妈妈专注于解决问题后孩子出人意料的表现。当我们专注于解决问题的时候，我们传递给孩子的是父母关心他，而不是想发泄脾气，孩子自然也愿意和家长沟通，思考解决问题的办法。因此，让我们一起练习专注于解决问题吧。

👉 知识在线

我们先分享一个片段：女儿在洗漱池里玩水把衣袖打湿了。我故作严肃地说："衣袖打湿了，我要打你的屁股。"女儿抬起头，笑眯眯地望着我说："不可以，打不能解决问题，衣服打湿了我马上就去换！"我接着问她："你怎么知道打解决不了问题呢？"她说："因为你教我的，打是不能解决问题的。"女儿完全明白了要专注于解决问题的思路。

在这里，希望大家多站在孩子的角度换位思考。我们深爱自己的孩子，常常说为了孩子愿意放弃一切，那么首先请放下自己的架子，多站在孩子的角度看待问题。很多爸爸妈妈在角色扮演中感受到了孩子的"不容易"。只有当大家都站在孩子的角度思考问题时，我们才能真正开始专注于解决问题。

孩子们在成长中会面临各种问题，需要去思考、学习、摸索、尝试，越来越多的问题被他们解决就是他们能力持续提升的表现。我们的长远教育目标之一是帮助孩子拥有独立解决问题的能力。我们的惯性思维里有一个很不好的表现，即当我们看到或者听到孩子表现不好的时候，立刻就会被自己的情绪左右，而忽略了问题本身。我们以为孩子聆听了我们的教诲或者写下了保证书，抑或者接受罚抄、罚跪等惩戒，这个问题就解决了。很多父母很纳闷：为什么每次孩子犯错误时，他们已经严厉地管教了孩子，但是一段时间后孩子又会犯同样的错误，甚至变本加厉，变出更多的花样来呢？这是我们思维的一个误区，我们以为是在帮孩子解决问题，实际上孩子看到的是父母觉得失了面子、感觉他们不中用、总是不听话、没有努力学习、不信任他们。这就是我们传递给孩子的感受。有个孩子成绩优秀，但是有一段时间成绩不是很稳定，上课不太专心，班主任告诉了家长，家长很生气，心想孩子怎么能不认真听课呢，于是要求孩子写保证书，还罚孩子跪地板，孩子都一一照做了。但是接下来的两个月孩子还是没有办法集中精力认真听课，家长就反复上演写保证书、跪地板的管教模式，结果孩子的成绩一下子滑到了班级中下。家长很纳闷，每次老师反馈孩子的问题，自己都很认真地管教了孩子，为什么还会是这样呢？我以咨询师的角色指导家长和孩子修复关系，并让家长耐心聆听孩子的心声。此后当孩子遇到学业问题时，家长开始静下心来辅导孩子的作业，孩子看到妈妈的转变，也高高兴兴地学习，在近一个月的辅导后，孩子的成绩又提升了。

家庭教育工作坊在前期就引导家长学会调节和控制情绪，逐渐转向解决问题。我们要记住，当孩子犯错或者失误时，就是他学习解决问题的机会，家长要抓住这个机会，教会孩子如何去解决问题。当我们把关注点放在解决问题上时，发现一切都不一样了。有位妈妈说，她的孩子昨天下午比平时晚了一个半小时左右才到家，自己一直很着急地在家里等待，终于等到孩子回来了，见到孩子后一顿说教，"你去做什么了？我等你好久了……"孩子听到妈妈的唠叨，一言不发。我把这个案例在课堂上专门进行了讨论。

我：你希望孩子做什么？

家长：希望他能准时回家。（短期目标，这也是我对自己孩子的期待，而且从安全考虑，孩子也必须要这样做。）

我：你采用了说教的方式，效果怎么样？

家长：看起来他低着头在听，但是一句话也不跟我说，肯定是知道自己做错了，但是又不愿意承认。（孩子畏惧家长的权威，用沉默无声对抗。）我让他写个保证书，他偏不写。（保证书是最没有保障的保证，毫无意义。）

我：在这件事情上，你只是希望孩子向你承认错误吗？还是有其他目标吗？

家长：首先孩子要承认错误，这是态度问题。（家长沉浸在权力控制中，非要孩子道歉，以为这样就能解决问题。）

我：那如果孩子不愿意承认错误呢？

家长：我也不知道该怎么办了？（觉得自己很失败、很无助。）

我：在这件事情上，你希望孩子学会良好的时间管理能力吗？

家长：当然需要。（开始明确目标。）

我：好的，我们可以引导孩子锻炼什么能力？解决什么问题？

家长：按时回家，管理好自己的放学时间，不在路上玩耍、逗留。（目标越来越具体。）

我：孩子要形成这个习惯，需要你提供哪些支持呢？

我：孩子怎么感知具体的时间呢？

家长：我前段时间就一直想给他买一块儿童手表，看来得尽快去买了。（行动计划。）

我：你会怎么去和孩子谈论这件事情呢？有具体的想法吗？

家长：我会直接告诉他我的担忧。

我：担忧什么？

家长：我担心他的安全，所以才这么着急。（真正地理清自己想对孩子表达什么，让孩子知道家长担心他的安全，而不是要责备他。）

我：相比不停地唠叨和责备，这句话会有效果，直接告诉孩子你很担心他的安全。

家长：我回去就试一试。

我：告诉孩子你的担忧，倾听孩子的解释，然后提供解决方案，让你们的交流时间专注于共同解决问题。你有思路了吗？

家长：大概明白了。今天晚上一定要试一试。

我：等你的好消息。

当天晚上我便收到这位妈妈的反馈，她说当天回家坐下来和孩子谈了，她告诉孩子："儿子，我昨天说了你，是妈妈不对，请接受妈妈的道歉。妈妈确实很担心你的安全，害怕你出什么事情。儿子你能理解妈妈吗？"儿子立刻微笑着对妈妈说，"我不生气了，我当时不知道这么晚了。"妈妈便继续追问，"昨天下午你去干什么了，能告诉妈妈吗？"儿子说放学后发现路上有好多新的小黄车排得整整齐齐的，很漂亮，就顺着一直数过去，最后还发现按开关的时候还会唧唧地叫，就都去按了按，一路看一路玩，结果回家就晚了。后来，妈妈带儿子一起去买了手表，还一起确定了最晚回家的时间。事情就这样愉快地解决了。

当我们专注于解决问题时，孩子也在学会解决问题。他们从父母身上学习到处理问题的能力。

还有一个话题我必须要和大家分享，即指令不等于提示。指令，是我们交代孩子完成一个任务，比如请孩子折叠被子。提示，是引导孩子如何一步步地完成任务，比如用语言提示孩子折叠被子前需要先把被子铺开，用动作提示孩子折叠被子要一层一层地叠。孩子在学习解决问题时，我们常常会出现提示过多的情况。有时候我们很着急，希望孩子一下子就能学会。这种着急的心态让我们不能等待，我们一发出指令就希望孩子立刻去执行，但是往往事与愿违，因为孩子毕竟年幼，生活经验使他们不可能在接受新事物时很快做出正确的反应。这就需要再次明确我们的长远教育目标是帮助孩子拥有解决问题的能力，而不是我们帮他他解决问题。以培养女儿的时间管理能力为例。有一段时间，女儿晚上洗漱拖拉的问题困扰着我们，无论怎么喊她洗脸、刷牙、洗脚，她都无动于衷，但是等我们洗漱完后，她就开始发脾气，责怪我们不陪她洗漱。于是接下来，到了洗漱时间，我们就提醒她要洗漱了哦，她抬头看看我们，充耳不闻的样子，继续玩玩具，然后慢吞吞地走过来。我和她爸爸就不断地提示她洗脸、刷牙、洗脚，整个环节中都是我们的提示声，每次她这个动作还没有结束，我们就开始告诉她下一个动作，最后女儿完全不自己动手了，牙膏要我们挤好，水要我们接好，最后还干脆不洗漱了。我静下来想，天啊！是我们一手将一个动手能力很强的孩子（女儿自称为"手工小达人"）硬生生地教成了一个"公主"，我们过度的提示导致她对我们的依赖，我们同时给孩子传递了不相信她有能力的信号。记得有几次，女儿的老师表扬她吃完午饭后还主动去喂班里不吃饭的同学，我却给女儿说不要去喂，万一把碗打翻了，给老师添麻烦不好。几天后我们在家里聊到这个事情时，女儿很生气地对我说："妈妈，你根本就不信任我，哼！"你相信吗？这是我3岁半女儿说出来的真实感受。后来，我常常想起这件事情，想起她说的这句话，每次我想干预她的行为时，都会提醒自己是否干预过多。回到关于女儿晚间洗漱的问题，我和她爸爸都认为是我们的提示过度导致了女儿的依赖性，但是现阶段她也确实需要一些提示，于是我们决定尝试用替代提示的方法。我和女儿一起制作了一张洗漱流程图，然后张贴在卫生间门上，用她最心爱的小狗闹钟设定时间提示她。听到闹钟响起来，看一眼流程图，她自觉地去洗漱了。我和她爸爸偶尔给她一句肯定，她高兴极了。

所以，当我们专注解决问题时要记住，除了管好自己的双手外，还要管好自己的嘴，不要总是给予孩子过度的提示。

☞ 行动指南

1. 把问题当成机会，看到具体的问题，陪伴孩子解决问题。

2. 罗列孩子需要锻炼的能力，并张贴在显眼的地方，以便随时提示自己。

3. 静下来和孩子讨论问题，明确告诉孩子你的担忧。

4. 倾听孩子的解释，孩子才会愿意告诉你他面临的问题。

5. 根据孩子的问题，一起找出解决办法。

6. 执行解决方案，调整解决方案，陪伴、支持孩子。

7. 管好自己的手，也管好自己的嘴，记住孩子需要的是你的信任，而不是过多的提示。

☞ 行动计划

练习：当孩子出现下面情况时，需要锻炼的能力是什么？我们要专注于解决的问题是什么？

1. 当孩子比平时晚半个小时回家时。

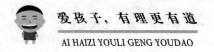

2. 当孩子做作业速度很慢时。

3. 当孩子把衣服弄得很脏时。

4. 当孩子考试分数很低时。

5. 当孩子乱用零花钱时。

还有很多，由你来填写。

十三、我会和孩子在同一高度交流

👉 **家长的困惑**

——我愿意尝试和孩子说话温柔一点，让我们的谈话更有效一些。我该怎么做？

——关于同一高度交流，是不是指抱着孩子，或者蹲下来说话呢？

👉 **案例分享**

今天女儿吃早饭刚吃了一会儿就哭了，要是平时，我肯定要发脾气。我以前总爱说她："哭哭哭，又在哭，天天早上都哭。"但是今天我决定尝试用家庭教育工作坊里学到的方法。我蹲下来，很温柔地对她说："你可不可以先不要哭了？把你想要的跟妈妈说，好吗？"女儿不哭了，她说："我想换一个碗，换成每天用的那个碗。"于是我给她换了一个碗，女儿接着很认真地自己吃完了饭。

——家庭教育工作坊学员　雅妈

有一次大儿子去参加一个活动，活动结束已经是中午了，看他已经饿了，应他的要求我们就去买了汉堡，他说给弟弟也买一个，于是我买了两个。可是弟弟没有在家，我说："等他回来的时候汉堡都冷了。"大儿子就说"妈妈你吃，等弟弟回来以后再买。"我就把汉堡吃了。弟弟回来了，听说汉堡没有了就急得不行了，什么

话也不听，哭得停不下来。学了家庭教育工作坊的课程，我知道怎么处理会更好。于是我让他先哭一会儿。看我没有理他，他就不哭了，这时我走过去摸摸他的脑袋，蹲下来，用温和的语气跟他说，"你没有吃到汉堡伤心了，妈妈给你说一声对不起，好不好？但是妈妈一直也想着你的呀，对不对？要不然妈妈就不会给你买汉堡了。你想吃，我可以再带你去买啊。"这时孩子一下就笑了。我改变了以前孩子一哭就吼他、骂他的错误做法，效果可真好。

——家庭教育工作坊学员　哲妈

👉 点评

每每读到这些案例，我的脑袋里都会浮现温馨的画面：爸爸妈妈们蹲下来温和地和孩子说话，孩子一反常态地听话，家庭也收获了安静与和谐。与孩子保持同一高度，这是有无限魔力的沟通神器。把这件神器带回家吧，试一试，你会有惊喜的。

👉 知识在线

在教育孩子的过程中，孩子的许多问题都需要我们和他一起谈论。比如孩子考试失利，孩子在校园内遇到了麻烦，老师向你告状说孩子惹事了，当然还有很多开心、幸福的事情。当我们要和孩子就具体的事情进行讨论时，需要和孩子保持同一高度，让孩子能看到你的眼睛。这样做的好处就是孩子在空间上感觉不到压力和压迫，也能看清楚爸爸或者妈妈真诚的态度，孩子感受到的是被尊重，自己说的事情在爸爸妈妈眼里也是很重要的事情，对于家长的建议，孩子自然就能接受。

在前面谈到关于游戏带来的思考部分，我刻意加了一个"这么简单你都要做错"的环节。游戏结束之后大家都坐回座位，我找来一张凳子，站上去，请大家感受一下我的高度有没有压力。家长都说好高。"这个高度就是孩子看我们的高度。"我微笑着说。我又问："刚刚有人做错哦，这么简单的游戏都要做错，怎么回事？"大家都按捺不住了，给出以下反馈：难过——只做错了两个就在这里说；委屈——我哪里错了？抵抗——你来啊，我不想做了。

接下来我从凳子上下来，邀请大家都站起来，我们就刚才的游戏接着讨论时，大家又回到了热情的讨论中。对两种不同的站位高度，家长们获得了完全不同的体验。当我们站着时，姿态上有一种高高在上的压迫感，不自然地会流露出强迫孩子的语气，但是当我们和孩子保持同一高度时，我们会自然地改变说话的语气。通过一个简单姿势的调整，我们就看到孩子完全不同的反应。

不知道大家有没有这样的经历，当孩子的视觉追踪能力发育后，他们喜欢趴在地上看虫子，如果我们高高在上地站着，是没有办法理解孩子的眼睛所看见的新奇的世界的，也许我们还会严厉地制止孩子，不允许他把衣服、裤子弄脏，等等。但是如果我们蹲下来，跟随孩子的小眼睛去看看他正在看的世界，你一定也会被吸引的，蚂蚁在搬运食物，小蚯蚓在翻泥土，你会惊喜地发现自己的孩子已经具备如此厉害的观察能力了。如果你还能给孩子生动地讲解一番，那你的孩子一定会爱上你的，并乐此不疲地拉上你观察这些事物。由此孩子的观察能力得以持续发展和提高，孩子感到你是懂他的爸爸或者妈妈，在你的鼓励下不断地探索新的世界。这一切都始于你愿意蹲下来，去看他所观察的世界，去读懂他读到的精彩。

当孩子还年幼时，我们需要蹲下来，或者用强有力的手臂将孩子抱起来，又或者递给孩子一把凳子让他站在凳子上面，又或者大家都坐下来，孩子坐高一些的凳子。总之，让孩子的眼睛和我们的眼睛保持在同一高度。

道理说千次不如回家实践一次。我们需要记住的是一定要放低姿态，让我们和孩子保持在同一高度。

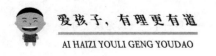
行动指南

1.选择其中一种合适的方式，当你这样做时，你会收获孩子居然听话了 的惊喜。

2.观察与孩子交流时，孩子是否仰着头看你，又或者低着头完全不看你，如果是这种状态，应立刻调整自己的高度。

3.认真倾听孩子的话。

4.温和地表达自己的看法和建议。

5.向孩子表达感谢，感谢孩子认真地和自己交流。

6.给孩子一个温情的拥抱。

行动计划

每天至少一次蹲下来，看着孩子的眼睛，轻声地和孩子说话。记录下时间和地点还有孩子的改变。

时间	地点	什么事，孩子的改变，什么感受

十四、给孩子一个大大的拥抱

👉 家长的困惑

——孩子表现好时我开心，很乐意给他拥抱，这时我觉得自己非常幸福，但是如果孩子表现得不好，惹我生气时我只想把他推开。

👉 案例分享

说实在的，两个孩子这么大了，在此之前，我还真没有"拥抱"这个概念。在家庭教育工作坊学习后，回到家，我对儿子说："来给妈妈拥抱一个。"孩子诧异地看着我，"干嘛？"然后很不情愿地凑过挨了我一下。我告诉孩子，爸爸妈妈拥抱他是因为爱他、喜欢他，也非常关心、在乎他，他在学校有什么开心的事情都可以在拥抱的时候向爸爸妈妈倾诉。慢慢地，孩子开始习惯这种方式了。昨天，他妈妈回来晚了，他跑上去就是一个大大的拥抱。哈哈，学得还真快！原来这小小的拥抱还真是和孩子沟通的万能钥匙。当你张开双臂拥抱孩子时，他们在你的臂弯里感受到了你的体温，这让彼此之间的依恋关系进一步得到加强，也给孩子带来了安全感，让他们感到自己无论做什么都有父母作为坚强的后盾，于是，这样的孩子更自信，遇到挫折时也不会感到孤独；另外，温暖的拥抱还能赋予孩子战胜压力的力量。孩子从小到大要承受各种压

力，上学时有考试压力，交友时有人际关系压力，而拥抱就是一种无言的力量，让孩子在身心放松的同时感受到父母用肢体传递给他们的动力，那就是"宝贝儿，你一定能行！"因此，在孩子受到压力时，这种潜藏在内心的力量就会推动他们尽快地释放压力，轻装上阵。我们要让拥抱孩子成为一种习惯，这是多么的重要。

——家庭教育工作坊学员　睿爸

👉 点评

案例分享中睿爸讲述的画面是不是很生动？含蓄的父亲给儿子一个大大的拥抱，儿子又把拥抱的快乐传递给妈妈，一家人因为一个拥抱而更加亲密了，幸福的感受越发的强烈。你懂得拥抱的魅力了吗？你准备好了把拥抱带给家人和孩子了吗？

👉 知识在线

拥抱是一把钥匙。

拥抱，和孩子真诚地拥抱，你有过吗？是否和孩子上一次亲密的拥抱还是在孩子婴儿和幼年时期。孩子在幼儿时期，有一个阶段会特别渴望拥抱，有很多父母会毫不犹豫地抱起孩子，让孩子在父母的臂膀里感受力量和温情。这也是孩子对亲情和安全感的一个需求与满足的过程。有个孩子在五年级时，因多次有轻生的想法，后被医院诊断为中度抑郁。在我和这位孩子妈妈的交谈中，妈妈说了一句让我们特别惊讶的话："孩子从小到大，除了婴儿时抱他多一些，随着他长大，他爸爸一直要求孩子需要独立成长，我便很少抱他。"孩子的爸爸对他一直都很严厉，孩子很怕爸爸，更不要谈拥抱。对此我们不难理解这个孩子的压抑是怎样产生的。

拥抱对孩子来说多么的重要，父母的拥抱似乎代表全世界都在爱他。

女儿开始读幼儿园了，意味着她自己需要独自面对一些规则，面对集体生活了。每天早上她会提一个要求："妈妈，你走的时候可以抱我一下吗？"我说当然，然后在出门前给她一个"花式拥抱"，抱着转几圈，抱着跳一跳，紧紧地脸贴脸拥抱，紧张放松式拥抱……每天的拥抱都给了她力量，她才有勇气带着美好的心情走进幼儿园。

有一次，在学校门口，我见到一名身材高大的父亲来接孩子，见到孩子出来，他马上蹲下来，张开双臂，孩子在很远的地方看见了爸爸，飞快地跑过来，这位父亲抱着孩子开心地走出了校园。其他孩子在后面投来一片羡慕的眼神。

随着孩子年龄的增长，我们忘记了拥抱，我们开始对孩子有了特别多的要求，我们开始扮演望子成龙、望女成凤的严母严父，我们不再习惯用拥抱来表达亲密和关爱。这种现象也存在于我们与自己的父母之间，在我们成年之后，与父母的拥抱仅仅只是一个内心的想法，很羞于做出实际行动。在家庭教育工作坊课程上，当我建议大家回家与家人拥抱一次时，大家都羞涩地笑了。我建议家长在课堂上先练习拥抱，增加勇气。拥抱是我们出生就会的动作，渐渐在生活中被我们遗忘了。

拥抱孩子是一种良好的亲子沟通方式，一个小小的拥抱可以解决大大的问题。拥抱孩子并不需要特殊的方法，在什么时候、在什么地方开始都是恰当的，关键是要行动。当孩子哭泣时，只要你伸出臂膀把孩子拥入怀中，你会发现原来可以这么容易化解孩子的愤怒和伤心。拥抱是一种力量，它是父母凭借身体的接触来告诉孩子"我们永远爱你"。这种爱将变成孩子生命中的重要的部分。拥抱是你对孩子展示你全部接纳他的信号，也是你全身心爱他的无声言语。因此，爱你的孩子，就给他一个大大的拥抱吧！

行动指南

1. 展开双臂热情地、紧紧地抱一抱孩子或者家人。

2. 当孩子伤心哭泣、发脾气的时候，拥抱孩子。

3. 任何时候都可以告诉孩子："我需要一个拥抱。"

4. 如果孩子很生气，拒绝了你的拥抱，告诉他："你好一些了，我们再拥抱！我在那边等你。"然后你会有惊喜，孩子在你的怀抱中平静下来，一切问题都会得到解决。

行动计划

1. 每天和孩子来一个热情的拥抱，也给家人一个拥抱。

2. 把家人紧紧拥抱的温馨照片贴在方框里吧。

十五、帮助孩子表达感受

👉 家长的困惑

——目前孩子常出现自卑、悲观的情绪；孩子在同龄人中受到排斥，我不知道怎么可以有效地帮助他？

——我的困惑是他没有耐心听取我的意见和建议，找各种理由搪塞，还总是反悔，我应该怎么做？

👉 案例分享

来自原原的绘本故事《学会梳头发和扎辫子》。

大家好，我是原原。每天早上总是妈妈帮我梳好头发，送我上学，但是今天，妈妈却要我自己学着梳头发。我从来没有梳过头发，我花了好长时间也没能扎好辫子，我想我肯定学不会，扎不好辫子。我今天还会迟到。我开始烦躁，开始抽泣。

爸爸听见我在哭，问我怎么了。我不想说话，也不想听爸爸讲大道理，我开始乱叫，大声哭喊。爸爸发火了，对我大声训斥、吼骂。妈妈缓缓走过来："有什么需要我帮忙的吗？"这时，我哭得更厉害了。我大声喊道："不会，不会，我就是学不会。" 妈妈耐心地说："你现在是不是很焦虑、烦躁不安？是

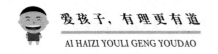
的。如果我是你，我也会的。但是如果你能自己梳头发、扎辫子，那么每天你都可以随便改变自己的发型，而且也不会因为妈妈不知轻重而拉疼你的头皮，感觉这样会很不错！你觉得呢？"我安静下来了，我想我可以做到。头发梳好了，但有点乱。妈妈竖起大拇指："通过你的努力和耐心学习，做得不错，坚持下去会更好的。"听了妈妈的鼓励，我很高兴，还有一点小小的骄傲。

第二天，我早早起床，开始梳头发扎辫子。"小尾巴"扎好了，我很自豪地请妈妈欣赏。妈妈点点头："今天做得不错，你应该为自己付出的努力而感到骄傲。"我觉得今天真是幸运、美好的一天！从今以后，我的头发我做主！

👉 点评

这是原原妈参加了家庭教育工作坊以后，开始和女儿原原一起用绘本的形式讲述她们的故事。原原学习梳头发的案例不就是孩子们经常出现的情况吗？面对这些问题，你平时都有什么好的处理方法呢？你从绘本故事里受到了什么启发？你愿意在和孩子的交谈中引导孩子抒发感受吗？我们一起来学习吧！

👉 知识在线

在角色换位这堂课上，我们采用角色塑造的方式一起聆听孩子的感受。一位妈妈扮演写错作业的孩子，另一位妈妈扮演责骂孩子的妈妈，其他的家长分别站在他们的身后，说出孩子的感受和妈妈的感受。大家分别用了以下短句来形容孩子的感受：我都不知道妈妈为什么打我；我哪里错了；我想哭，妈妈不爱我，谁来教教我。大家又用了以下语言来形容妈妈的感受：我很生气，我想打人，我好无助；我是不是疯了，我为什么要打孩子，我想哭。

我常常告诉女儿，妈妈也会生气，妈妈遇到问题的时候也会难过。每个人都是一样的，都是有情绪的，我们可以大胆地把这些消极感受说出来，然后寻找好的办法解决。现在女儿也能理解了每个人都有负面情绪，我们要相互体谅，也要相互帮助寻找好的办法。有一次，侄女哭得正伤心，女儿想了个让她不伤心的好办法：小手比圆圈，然后把姐姐的手放进自己的小圆圈里，大声地喊伤心跳出去，伤心跳出去，结果哭鼻子的姐姐破涕为笑。

有时候，孩子带着一种情绪回到家中，比如，我再也不想读书了等等，我们当父母的第一反应是紧张、害怕、生气，想赶紧想办法扑灭孩子的错误想法，从而和孩子讲大道理，告诉孩子不读书要变成文盲，将来找不到工作等等。这样的结果是越说越乱，越问越急，孩子和家长的情绪对抗可能在短短的几分钟再次升级。在课堂上，我邀请几位扮演孩子的家长表达自己带着这种情绪回家，与父母对话后的感受。结果，无一例外，所有的扮演孩子的家长都更加气馁，觉得自己的父母不理解自己。我们需要帮助还没有足够词汇量的孩子用正确的语言去表达自己的感受，去认识感受有积极和消极之分。当积极感受出现时，我们常常很愉悦、很正面，但当消极感受出现时，我们会伤心和气馁。但是消极的感受不需要堵住，但不能忽略，不能放任，需要的是理解，需要的是抒发。孩子需要的并不是家长生硬地向他们灌输大人的理念，他们渴望的是家长对自己的理解和安慰，是陪伴自己解决遇到的难题。

下面是家庭教育工作坊的学员熙妈提供的三个案例。你可以邀请孩子与你一起感受，将"日常说法"和"同理孩子感受的说法"读给孩子听，问问孩子觉得哪一种更舒服，再问问孩子原因，你就会更加坚定地使用"同理孩子感受的说法"。

事情	日常说法	同理孩子感受的说法
1.孩子刚买的心爱的玩具摔坏了，大哭。	"不就一个玩具嘛，妈妈再给你买一个！""我刚才就提醒你小心，看嘛，果然摔了吧！""一点小事，有什么好哭的？"	"玩具摔坏了，你一定很难过吧！"
2.孩子和小朋友约好了一起玩，小朋友失约，孩子伤心地大哭。	"不来就不来呗，你可以找别人玩！""他为什么不来，一定是因为上次你抢了他的玩具。"	"你穿好了蜘蛛侠的衣服等着让小朋友看，他已经答应你了但是没来，你一定很沮丧吧！"
3.孩子兴奋地拿回家一只毛毛虫。	"天哪，赶快把虫子扔了！"	"哇，你找到了一只毛毛虫，在哪里找到的？能跟我说说吗？"

接下来，我们学习如何同理孩子的感受。

第一步：我们需要搜集关于感受的词汇。相信很多父母都和我一样，在面对一些情绪体验时，很难找到词语来形容，以至于常常忽略自己的感受。孩子也一样，有时候他们会莫名其妙地难受、哭泣、大笑，当我们问他为什么或怎么了的时候，他们会回答说："不知道，没什么。"我们以为孩子故意不告诉我们，其实是因为孩子也没有合适的词语清楚地表达自己当时的感受。因此，我们需要搜集关于感受的词语，使用过的、听见别人说的、在书上读到的……然后张贴出来，经常练习，用于表达感受。如需要得到满足时的感受：兴奋、喜悦、欣喜、甜蜜、感激、感动、乐观、自信、振作、振奋、开心、高兴、快乐、愉快、幸福、陶醉、满足、欣慰、平静、自在、舒适、放松、轻松、踏实、安全、温暖、放心、鼓舞、欣慰……需要没有得到满足时的感受：着急、害怕、担心、焦虑、忧虑、紧张、忧伤、沮丧、灰心、气馁、失落、泄气、绝望、伤感、凄凉、悲伤、恼怒、愤怒、烦恼、苦恼、生气、厌烦、厌恶、不满、不快、不耐烦、不高兴、震惊、恐惧、恐慌、失望、困惑、茫然、寂寞、孤单、孤独、无聊、郁闷、烦闷、烦躁、伤心、难过、悲观、沉重、痛苦、麻木、尴尬、惭愧、内疚、妒忌、遗憾、不舒服……还有一些成语：疼痛难忍、提心吊胆、惊慌失措、六神无主、心惊胆寒、心惊胆战、心惊肉跳、惊恐万状、坐立不安，小心翼翼等等。

第二步：将常用的词语挑选出来，然后以提示更明显的视觉提示方式展示出来，比如高兴，画一张笑嘻嘻的脸；伤心，画一个哭泣的表情。对于不同年龄段的孩子，用图示的形式来表示效果都很好。孩子可以从图片里找出相应的图画来诠释自己现在的感受。我家里的两个孩子，每次有感受时都会指着自己的情绪图说"我现在是小猫"（我们约定用她们喜欢的小猫表示高兴的感受），"我现在是青蛙宝宝"（表示伤心的感受）。

第三步：说出孩子的感受。使用句式："你看起来……（感受词）""你是不是遇到了什么事情？"

第四步：安静地聆听孩子的描述。记住，做一个安静的乖爸爸或者乖妈妈，管好我们的嘴巴，用我们的耳朵认真地听就可以了，直到孩子结束他的描述。

第五步：表达对感受的同理心。使用句式："如果我也遇到了……（孩子说的事情）""我也会……（感受词）。"

第六步：拥抱孩子。我认为这是必不可少的动作。有的问题对于一个渴望理解的孩子来说，拥抱就足以赶走他心中的不快乐。

第七步：和孩子一起寻找抒发感受的合适方法。这些方法你可以在"积极暂停"一节中找到。

以上七步是我们同理孩子感受并帮助孩子抒发感受的实施步骤，请你回家后认真练习。孩子会惊喜于你的改变，也能带给你无数的惊喜。

☞ **行动指南**

1. 搜集感受的词汇。

2. 把常用感受绘成图画。

3. 关注孩子的感受：你看起来……你是不是……

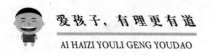

4. 倾听孩子的描述，安静地等待孩子讲完整个事件。

5. 表达感受的同理心：如果我遇到了……我也会……

6. 拥抱孩子.

7. 和孩子一起寻找抒发感受的合适方法。

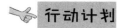 **行动计划**

如果遇到下面几种情况，你会怎么去帮助孩子抒发感受呢?

1. 孩子生病，害怕吃药、打针。

2. 孩子看电视，突然难过地哭起来了。

3. 孩子与同学发生了矛盾。

4. 孩子努力学习，但仍然没有取得理想的成绩。

十六、善于倾听

☞ **家长的困惑**

——孩子一回家就会叽叽喳喳地给我说个不停，我正忙着做晚饭，他抱怨说我没有听他讲话。到底该怎么做，才算是听呢？

☞ **案例分享**

周末晚上，我和儿子一起看电视，看着，看着，不知怎么儿子就哭了。我问他怎么了，为什么哭，开始他不说，就是哭，我拍拍他的脸，他越发哭得厉害。我感到莫名其妙，如果是以前他这样的话，我肯定要打他。自从参加学习后，我冷静多了。我先让他发泄，过了一会儿他平静了，我走过去挨着他坐着，然后把他的头靠在我的肩膀上，亲了他一下，问他刚刚为什么哭，他告诉我因为刚刚看到电视剧里的那个人被打得好惨，觉得好可怜，所以哭了。我暗自庆幸自己参加了家庭教育工作坊，通过学习，在教育孩子的问题上有了正确的认识，懂得了如何更好地引导孩子，和孩子一起成长，共同迎接人生中的各种挑战，共享人生中美好的时刻，而没有像过去那样，简单粗暴地对待他。

——家庭教育工作坊学员　恒妈

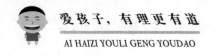

👉 **点评**

案例中我们看到恒妈做到了倾听。有时候，我们什么也不用做，静静地听着就好。其实，倾听很重要，生活中的很多事情需要我们耐心地倾听。

👉 **知识在线**

你的孩子这样对你说过吗？"你看着我，我才说。""你蹲下来，我才说。""你停下来，先听我说。"

孩子需要我们静静地倾听，他们从中感受到被尊重、被理解、被关注。有时，我们看似一直陪在孩子的身边，但是孩子却总是气冲冲的，并没有感觉到你的陪伴。有时候孩子突然会想起来要和你说一件事情，但是他喊爸爸妈妈几次，都没有得到回应，孩子就会有情绪，觉得家长不理他，然后就会伤心，从而导致孩子不听我们的话。我想每位父母都说我们当然愿意听孩子说，我们也期望孩子长大以后会一直愿意跟我们有说不完的话。我们陪伴孩子，要专心地陪伴，孩子看书，我们可以在旁边看书，也可以做家务，当孩子叫喊我们的时候，我们要应声回答；如果正在做的事情不能马上停下来，我们可以明确地告诉孩子，请他等一等。你做完手里的事情，记得说谢谢他的等待。这是训练孩子耐心的好机会。接下来，倾听训练开始了。

我邀请大家做一个活动。每个组选一名家长作为发言代表，对小组伙伴讲述一件关于教育孩子的事情（其他话题也可以）。在讲述的过程中，其他伙伴低着头不看发言者，不做点头或者其他的任何回应，还可以拿出手机玩。整个活动的时间是 3 分钟，但是到 1 分 15 秒的时候整个课堂都安静了。有的家长讲了两句话之后，看大家没有反应就说不下去了。有的家长忍不住问："你们到底在听没有？"有的家长不断地叹气，感到失落极了。

　　活动结束后，大家交流感受，一致认为没有被认真倾听的感觉很糟糕。我们换位思考，当孩子给我们说事情时，没有被认真倾听的那种失落感和不被重视感是多么的糟糕。当我们面向孩子，认真倾听孩子的表达时，孩子感到被重视和被尊重，自然更愿和父母交流，愿意做得更好。

　　我们试着调整自己的倾听时间，比如每天给孩子安排一个时间段，和孩子聊一聊当天的事情，让孩子说一说所见所闻，同学间、学校里的事。同时在空间上也做一些调整，比如蹲下来，和孩子保持同一高度，搬把椅子坐在孩子身边，拥抱着孩子，让孩子在温暖的怀抱里说他的故事。有的父母每天会带着孩子散步、跑步、打球等等，在锻炼身体时和孩子聊，孩子会特别乐意和爸爸妈妈讲述自己的愿望、趣事等。

　　有时候，倾听需要和感受结合在一起，倾听之后孩子可能需要父母给予一定的帮助，比如和他一起完成他的愿望。但是，大多数时候，孩子不需要别的，只需要父母的倾听，伴随着父母温柔的话语、耐心的微笑，他们的世界便会灿烂无比。

👉 行动指南

　　1. 停止当下的工作，如果不能，记得告诉孩子"妈妈还需要3分钟就能结束，请在书房等我，我结束了就过来。"

　　2. 面向孩子，蹲下来，微笑着，看着孩子的脸。

　　3. 表情柔和，以倾听者的身份好好听，不急于发表自己的观念和看法，避免说教。

　　4. 距离、高度合适，站在或坐在孩子的身边，不要离得太远。

　　5. 动作辅助，可以抱着孩子，也可以拍拍孩子的肩，还可以拉着孩子的手。

　　6. 适合的场所都可以成为你们沟通的有利空间。

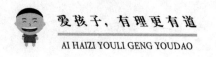
7. 如果孩子当时心情不好，不想表达，你可以温柔地告诉他："如果你愿意，我随时准备好倾听你的心事哦！"

行动计划

当孩子回家对我说事情时，我会怎么做？

1.

2.

3.

4.

5.

十七、我和孩子有个约定

☞ **家长的困惑**

——我总是找不到好的方法让他乖乖洗澡，让他做事情不拖拉。

——每天都会说无数遍写字时要坐直等。

☞ **案例分享**

孩子早上起床是我每天要面对的第一件头疼的事。闹钟一响，我就叫孩子起床，然后她就在床上翻滚，磨磨蹭蹭地穿衣服、洗漱，我就在她耳朵边不停地念："快点！你咋那么慢呢？"每天就像念紧箍咒一样，但是仍然没起作用。参加家庭教育工作坊的课程后，我跟孩子商量后约定，她自己调闹钟，每天自己选择要穿的衣服，并快速地穿好，自己的事情抓紧时间做完。她对我也有要求，要我每天晚上睡觉前陪她一起看书。我们互相监督，每天只要做到了，就给对方一个笑脸奖章，表示肯定和鼓励。刚开始一两天不习惯，从第三天开始，她还会催促我早上出门的时候抓紧时间。对她的这些改变，我给了她极大的肯定，她变得到更加积极，做得更好了。

——家庭教育工作坊学员　净妈

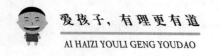
我和儿子对零用钱有约定，每周由我给儿子买老师规定的教具、文具，另外，每周给他10元零用钱自由支配。我和儿子都在约定上签了字。一天放学时，孩子想买"大富翁"游戏棋，我问他我们的约定是什么？孩子想了想说："妈妈，那你借我20元，回家我就用零用钱还给你。"然后我借给了孩子20元，他买了棋。我说："记得回家把钱还给我。"回家后孩子从钱包里拿出了20元还给了我。儿子很好地履行了约定。

——家庭教育工作坊学员　熙妈

我和儿子一起制订一个计划，早上7点10分起床，7点50分出门，下午放学后4点半到6点半做作业。今天下班刚进家门，儿子就高兴地跟我说："妈妈，我还有几个多音字写完后今天的作业就全部做完了。"我竖起大拇指说："通过你的努力和专心，你还是可以很快把作业做完的，相信下次会比这次还要快哦。"听了我的话，儿子很高兴，跑过来抱住我，脸上露出灿烂的笑容。

——家庭教育工作坊学员　强妈

点评

三位妈妈开始尝试用约定的方法管理孩子，孩子的积极表现更加激励了双方持续地坚持约定这一妙招。爸爸妈妈们一边实践一边调整，孩子们也越来越听话，越来越懂事。你愿意学习约定的方法吗？一起来学习吧。

知识在线

我们讲了很多理论，情绪也得到了控制了，认识到孩子是独立的个体，也愿意为了孩子做改变。但是，我们仍然要回到实际生活中，当爸爸妈妈分享孩子的各种难管的问题时，每个画面都是那样的生动具体，比如，清晨赖床、耍手机、看电视、外出乱跑、不按时回家、做作业拖拉、不吃蔬菜……面对这些难题，我们常感到无助，觉得孩子总是惹自己生气。

别急，约定会帮助你。这是积极的家庭教育最好用的妙招之一。

约定，顾名思义，就是提前和孩子约定好我们的计划，并认真按约定执行。

约定的前提是执行计划的所有人坐在一起，记住是所有人，不是大人们坐在一起决定孩子该怎么做，孩子也要参与约定的所有环节。每个人都可以发言，说出自己的想法，在合情合理的原则下制订可行的方案，以可视化的形式展示出来。

约定的好处是孩子可以自主表达自己的意见和建议，有话语权，孩子感受到的是家庭的尊重，也就更愿意去执行约定，同时，学会用约定来解决其他问题。

我想用一个案例和大家分享约定的实施方式。

浩浩是一名注意力唤醒不足的孩子，缺乏自我管理能力。我们决定用约定的方式来培养他的自我管理能力。我、浩浩、浩浩妈坐在咨询室，开始尝试"行为合约"的方式，帮助浩浩学习管理自己，并且确定从浩浩做家庭作业开始。具体的实施步骤如下：

第一步：向浩浩提问

问题 1：浩浩，你最想要妈妈奖励你什么？

我在纸张中间画了一根线，在左边上部画了一个爱心，并告诉浩浩爱心代表奖励。浩浩抬起肉嘟嘟的脸蛋，笑眯眯地说："我想妈妈陪我画画。"我写下了"画画"两个字。

问题 2：浩浩，那你觉得每周画几次合适呢？

浩浩很急切地说："每天都画，每天都画。"听听，他是多么想和妈妈一起画画，在他心里这一定是他期盼了好久的幸福了。我

们再次问浩浩，请他确认是不是每天（加重语气）都想画画？他一本正经地点头，并大声地回答："是的，我想每天都可以和妈妈一起画画。"我写下了"每天一次"。

问题3：浩浩，你觉得每天画几张合适呢？

浩浩当然很夸张地说画很多张。浩浩妈等他高兴了几秒，然后立马用巴掌拍在儿子肩上很直接地阻止了他这夸张的愿望。我对浩浩说："一天画一张，画完之后你们还可以出走散步，又不耽搁晚上睡觉的时间，你觉得怎么样呢？"浩浩看看妈妈，妈妈说："可以。"浩浩也点头答应。我在"每天一次"后面加上"一张画"。

我将浩浩想要获得的奖励复述了一次，并告诉他如果想要获得这些奖励，那就需要通过自己的努力去争取（我在纸的右边画上了一个大拇指，并写上了"努力"）。我告诉浩浩，需要问问妈妈希望他能做到哪些就可以获得奖励。

第二步：向妈妈提问

问题1：你最希望浩浩能做到什么？请说出具体的要求。

浩浩妈说："我希望浩浩每天做作业能做快一点。"

问题2：请你规定一个合理的时间。

浩浩妈告诉我，浩浩下午放学后从4点半开始做作业，如果他能管好自己，到6点前是可以做完的。家里一般是6点吃晚饭，希望浩浩可以在吃晚饭前完成作业。

问题3：是否可以直接表述吃晚饭前完成了作业就一定可以获得奖励。

浩浩妈点头说："自己基本上可以保证吃晚饭的时间固定，下班后一般也不会有其他事情，能保证陪伴儿子的时间。有特殊情况，我可以提前给浩浩说，他会理解。"我将时间记录下来，并且画了一只碗来提示浩浩。

第三步：复述并修订

我拿着约定书，当着浩浩和浩浩妈的面，用简单的语言进行了复述。我再次征求浩浩和浩浩妈的意见，是否定下这个约定。他们都点头说同意。浩浩第一次见到这个约定书，显得有些兴奋。

第四步：签字

浩浩和浩浩妈都同意这份约定，我请浩浩在"努力"下面签字，请浩浩妈在"奖励"下面签字，并提醒他们，签了字就要履行约定。浩浩表现得很给力，高兴地把约定书收起来。

第五步：反馈与监督

我告诉他们，老师也会监督你们实施的情况，请你们努力。如果浩浩做到了，妈妈就一定要兑现承诺，给予奖励。之后浩浩每次获得奖励后，妈妈都会在中间线上画上一颗星（浩浩说他喜欢星星）。每周四交给老师，由老师监督。

我想分享完这个案例后你们已经明白了约定的操作方法，那么结合孩子的实际情况尝试一下吧。我仍然要提醒大家，约定中我们常常会加入物质奖励，请一定要注意尺度，避免"贿赂"孩子。

请记住，学习是孩子的事情，我们要通过约定调动孩子的内在动力，去感受努力学习后的成功感和幸福感，而不是获得某种物质奖励。成长亦如此，我们要做的是陪伴和引导孩子，让孩子在成长中有幸福感。

☞ 行动指南

1. 确定约定的内容。
2. 选择适合的讨论场景，比如一家人晚餐后。
3. 每个人都自主发言，记录员记录，且互相都不做对与错的评判。

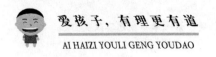
4. 按照合理合情的原则对所有人的想法进行一一筛选，最后确定大家一致同意的约定。

5. 将约定进行梳理，并尽可能简化，多用图片代替文字，多用彩色笔代替签字笔。

6. 按约定执行，明确试用此约定的期限，最好精确到分钟。

7. 当孩子不能执行约定时，用约定提醒他，并保持坚定的态度，告诉孩子可以把这个问题的调整放在试用期结束后的家庭会议上再次商讨和调整，拟定新的约定。

8. 把约定运用到很多事情中，你会发现孩子的自主能力进步最快。

行动计划

用约定的方式来解决一些教育中的难题，比如：孩子早上赖床的问题，孩子睡觉拖拉的问题，孩子不收拾房间，孩子做作业拖拉，孩子乱丢玩具、书本。选择一项，然后和孩子共同制订一份约定。

约定

十八、我是一个"问题"家长

👉 家长的困惑

——当孩子遇到问题时，我不想直接告诉他答案，但又不知道应该怎么去引导他思考。

👉 案例分享

当孩子遇到困难或情绪低落时，我们要正确引导孩子自己寻求正确的解决方案。前天下午，我突然接到孩子的电话："爸爸，我到家了，但是我今天上学出门的时候忘记带钥匙了，进不了家门。"这已经不是孩子第一次犯这种错误了。以前，我会直接指责他一顿，然后匆匆忙忙回家给他开门。参加了家庭教育工作坊的学习后，我决定好好利用这次机会学以致用。我告诉孩子："老爸也理解你现在的心情（对话中孩子一直都在哭），我知道你很着急，老爸以前也常忘记带钥匙（感同身受）。但是现在爸爸妈妈都在工作，一时半会也回不了家啊，你看能否想想其他办法。爸爸以前遇到这种情况会先找一地方待着等有人回来。"这个时候孩子似乎想到了什么，情绪缓和了（他可能发现邻居家里有人在家）。基于对孩子的安全考虑，我一边往家赶，一边给邻居打电话，让邻居帮忙照看一下他。因为是周五，一路堵车，赶回去时已经是六点半。我想得让孩子自己想办法杜绝此类情况才行啊，于是又开始和他一起探讨。"小子啊，你经常犯这种错误，你这样有家回不了，自己是不是很难受呢？那我们要想个什么办法来避免呢？比如说，你怕起不了床，让爸爸给你买闹钟。"在我的启发下，儿子想到了办法，迅速用便条写了个"带钥匙"，贴在了门上，每次出门抬头就会看到提示。当然，这样做也可提醒我们大人。因此，在教育孩子的同时，我们也在和孩子一起成长！

——家庭教育工作坊学员　睿爸

下面记录的是我儿子上周四放学回来和我的对话，非常有意义。

儿子：妈妈，我们今天考数学了，我肯定考不到 100 分。

我：哦？！

儿子：我肯定得不到 100 分。

我：那你觉得能得几分？（故意这样问）

儿子：那就 1 分。

我：真的啊，那你能得 1 分我奖励你。

儿子（一脸高兴地跑到我面前）：妈妈，你奖励我什么？

我：我奖励你 1 个最想要的玩具，但是只有 1 分才能得到奖励。

儿子：那我就收不到玩具了啊，我觉得我会得 90 多分。

我：谢谢你帮我节约了买玩具的钱。

儿子：如果我说得 90 多分有奖励吗？萱萱姐姐考 100 分有奖励。

我：我们没有这样的约定呀！你是因为想要奖励才想考个好成绩吗？

儿子：当然不是了。

我：那是因为什么呢？

儿子：学习是我自己的事情，我才不会为了玩具这样做，我是为了学更多的知识。

我：然后呢？

儿子：我长大要当科学家。

我：儿子，你的理想真棒！

我：那为了实现这个理想，我们应该怎么做呢？

儿子：上课认真听讲，认真完成作业……

我：妈妈相信你这么努力一定会有收获的。

——家庭教育工作坊学员　熙妈

👉 点评

两位智慧的家长学以致用，通过对话启发孩子思考，自己解决问题。感谢他们把这些案例分享给我们。你有没有遇到过这些事情呢？当你的孩子还在和你吵着闹着的时候，你是否可以尝试采用启发的技巧和他谈一谈呢？

👉 知识在线

下面的案例来自于家庭教育工作坊。

家长甲：孩子有次去舅舅家吃饭，当时大家一句玩笑话惹他生气了，他就跑进厕所哭了半个小时。我认真和他聊了这件事情，问他是不是很难受，同时告诉他有什么事情要跟妈妈说，妈妈才能帮助他。

家长乙：孩子上周丢了4个橡皮擦，我问孩子怎么丢的，丢在哪里了，有没有去找，应该怎么办？

家长丙：儿子上周考试考了87分，和上一次考试相比少了几分，我

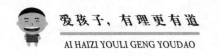
问他是不是遇到了什么难题，这些难题抄到难题本上没有，需不需要爸爸的帮助？

……

然后，我们总结了来自爸爸妈妈的问题：

1. 关于事情。有什么事情吗？发生什么事了吗？能告诉妈妈是什么原因吗？

2. 关于感受。你现在是什么感受？你有什么看法或想法？怎么表达感受会更好一些呢？

3. 关于行动。你采取了什么行动？你做过什么呢？你怎么做的呢？

4. 关于支持。你是否需要我的帮助？如果你需要帮助，你会向谁求助呢？你会寻求什么样的帮助？

相信大家在和孩子沟通的过程中一定还有更多的问题产生。下面的横线留给你们填写：

_____

_____

_____

接着，我们一起来分析使用问句引导孩子的好处。

1. 在问句的启发下，孩子开始陈述整个事情，逐渐有条理地去理清事情，孩子有机会表达自己内心的真实想法，也能在陈述中去思考问题。我们不急于马上给出答案，而是留给孩子思考问题、解决问题的时间。

2. 在问题的启发下，我们把思考问题的思路抛给孩子，孩子不是直接从家长那里得到该怎么做的答案，孩子开始自己尝试想出解决办法，解决问题的责任心也逐渐形成。

3. 平等的对话，加上孩子的独立思考，许多问题的解决方案从孩子口中说出来，这是了家长期待的答案。孩子由此逐渐意识到自己是有能力解决问题的。

最后，回到案例的运用中。

一位妈妈抛出了难题：家里有两个孩子，哥哥上二年级，妹妹上幼儿园。哥哥天天都吵着说妈妈不爱他了。妈妈解释了很多次，说了很多安慰的话，都无法抚慰哥哥"受伤"的心。我们采用角色扮演的方式，我扮演哥哥，这位妈妈本色出演。

情境一：妈妈本色出演

我（哥哥）：妈，我觉得你一点儿都不爱我了。

家长（妈妈）：妈妈哪里不爱你。你看，妈妈每天早上帮妹妹收拾完，又收拾你的东西，送你们两个去上学，还要做早饭。妈妈买什么东西都是买两份，从来没有少了你一份。你看看，妈妈好累嘛。儿子，妈妈爱你！你看妹妹最近又生病了……

我（哥哥）：我知道，你说了100次了，可是我就是觉得你不爱我了。

表演结束，大家都会心地笑了，因为我们平时也是这样和孩子交谈的。在角色扮演中大家也都体会到了为什么我们说得越多孩子越不听话的道理。这位妈妈听到孩子的抱怨后，开始毫不保留地传递自己的爱，可是适得其反。

情境二：换一位对问话式对话有一定把握能力的妈妈，模拟自然生成的对话

我（哥哥）：妈妈，我觉得你一点都不爱我了。

家长（妈妈）：哦，为什么这样说呢？

我（哥哥）：你早上一直帮妹妹穿衣服，我喊你老半天都不理我，我生气了。

家长（妈妈）：是吗？

我（哥哥）：嗯，就是，我喊得很大声。

家长（妈妈）：妈妈没有听见。你希望妈妈怎么做？

　　我（哥哥）：你帮妹妹穿衣服，你也要帮我穿衣服。

　　家长（妈妈）：哈哈，你希望我这样做？

　　我（哥哥）：嗯。

　　家长（妈妈）：妈妈问你，你几岁，妹妹几岁？

　　我（哥哥）：我 7 岁，妹妹 4 岁。

　　家长（妈妈）：你 4 岁的时候，妈妈早上是怎么做的？

　　我（哥哥）：忍不住抿嘴一笑：也像妹妹现在一样，帮我穿衣服啦。

　　家长（妈妈）：你现在已经自己会穿衣服了，你愿意和妈妈一起帮妹妹穿衣服吗？

　　我（哥哥）：可以试一下，明天早上我先去给妹妹穿衣服，穿不好你再来帮她穿。

　　家长（妈妈）：谢谢儿子，妈妈爱你！

　　我（哥哥）：妈妈，我也爱你。

　　情境一和情境二采用了两种对话模式，很明显采用启发式的问句对话能成功引导孩子正确对待妈妈早上只能照顾妹妹的问题。

　　以上是启发式提问的案例。启发的核心就是使用问句和孩子对话。我们要注意一点的是，提出的问题不要带有情绪，这样才能自然引导孩子。带有情绪的问句，比如：你到底吃不吃饭呢？你到底做不做得好作业？你是不是笨？你听不听我的话？等等，这些问句只会导致你和孩子的对话模式进入对抗（爆发或者沉默，迫于压力应付完成）模式。另外，使用问句和孩子聊天还有一个好处，就是可以帮助我们更多地去倾听孩子的表达，有效地管住自己的嘴，这也是开启友好的亲子关系必须做到的。

　　每一件事情都是有一个核心，比如孩子乱丢玩具，我们和孩子对话的核心应该紧紧围绕着孩子收拾整理能力的培养；问题的设计也需要父母好好思考，不能将问题提得太偏太远，也就是我们常说的有事说事。

以培养孩子收拾整理玩具的能力为案例，我们可以这样设计问题：①地上躺着什么呢？（玩具）；②它们的家在哪里？它们的小主人可以把它们带回家吗？③我们可以给它找到一个温暖的家吗？（家里如果没有放置玩具的地方，就和孩子一起动手腾出一个地方）。如果你不知道怎么去寻找当下面临的问题的核心，那就找到家里张贴的长远目标清单，从里面找出这个问题对应的孩子的那种能力，相信你会找到设计问题对话的方向。

切记：要去实践，努力地做一个"问题"家长吧！

👉 行动指南

1. 练习。在和孩子的对话中多说一些开放式问句。

2. 每一件事情都蕴含一种孩子需要学习的核心能力、品德和技巧，我们的问话要紧扣这个核心，不要提得太偏。

3. 避免封闭式的问题，比如：你听不听话？你吃不吃饭？

4. 避免羞辱性的问题，比如：你是不是笨？你是不是不认真？

👉 行动计划

面对孩子抛过来的问题，我们需要用启发式提问的方法去和孩子沟通。当孩子说妈妈偏心时，你会怎么运用启发式谈话法让孩子理解自己呢？当孩子说考试考了90分以上，妈妈必须要给他买一件礼物时，你该怎么运用启发式谈话法引导孩子思考学习的真正意义呢？

十九、多给孩子鼓励和肯定

👉 **家长的困惑**

什么是表扬？什么是鼓励？什么是赞美？什么是肯定？为什么我表扬孩子后他有时洋洋得意，有时候又无动于衷？

👉 **案例分享**

我总结了几句和儿子的对话：①"你说的五点回家，现在正好五点，这就叫作守时。"②"尽管你很喜欢蛋糕，但也只吃了一小块，这就叫自制力。"③"你刚才搭的这个梯子解决了上楼的问题。"④"你想了很多办法，拿出了那个珠子。"⑤杨杨玩了玩具后，自己把玩具收好了，把书桌也整理干净了。我说："我看到这里有很多变化，课外书都放到了书架里，铅笔都放在了笔筒里，地上的玩具也都放进了玩具箱里，因此走进这间房间感觉很舒服。"杨杨："只要认真，我就能把房间收拾好的。"

——家庭教育工作坊学员　熙妈

我喜欢这句话："你可以把马儿牵到河边，但你不能逼它喝水。"同样的道理，我们不能把自己的思想强加给孩子，让孩子在不情愿的情况下成为父母的附属品，失去自我。对孩子应把握时机及时赞扬、鼓励，特别对于年幼的孩子会产生很大的作用。比如果果念书时声音很小，我就说："果果，你读书的声音特别好听，大声读给大家听听。"于是她提高了声音很响亮地读完。还有，她平时不喜欢吃青菜，在我的说服下虽然只吃了一点，但我还是对她说："果果，今天真牛！牙齿是不是想吃青菜了？只吃肉，牙齿会反抗的，我们要保护好牙齿。"结果，晚上果果主动吃了很多青菜。家庭教育工作坊让我学习到更正确、更全面的方法教育孩子，让孩子自信、自立，快乐、健康地成长。

——家庭教育工作坊学员　果妈

点评

两位妈妈的案例让我们看到了满满的幸福。肯定孩子，让孩子知道自己具备这么多的能力；鼓励孩子，让孩子更加自信。将我们看到的事情说出来，并清楚地告诉孩子这就是某种能力和品德，配合温和的沟通态度、启发的沟通技巧，陪伴孩子解决问题，鼓励孩子成为最好的自己。让我们一起来学习如何肯定和鼓励孩子吧！

知识在线

肯定孩子应运用于孩子做好了一件事的前提下，让孩子知道自己具备做好这件事情的能力，能促进他继续做好。从长远来看这样做可以帮助孩子建立良好形象，把不稳定的能力变得稳定。

鼓励应用于孩子面对困难的前提下，促进孩子改善行为，积极调整，把事情做好。从长远来看这样做可以帮助孩子建立自信，从而积极面对困难。

肯定和鼓励都是正向的教育方式。

我们的教育目标里清楚地罗列了阳光、积极、正面、勇敢、自信……那我们就要多用鼓励和肯定去引导孩子认识自己的能力和品德，使其在

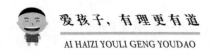

大脑中长期强化，让孩子的大脑经过筛选保留下来的都是"我能行""我可以做到""我还可以更好""我具备自我管理的能力""我能够取得好的成绩"等等。

同样，我们也探讨了表扬和赞美。我们常用"你真棒""你是乖孩子""你真听妈妈的话""你是老师眼中的好孩子"……诸如此类的表扬和赞美。这种以大人的意志为导向，无实际意义。在角色扮演游戏中，我们两人一组，一个人夸奖另外一个人"你真棒！"第一次听到这句表扬时，心里还挺美滋滋的，但是多次之后谁也不想再说这句话了，因为听的人觉得虚假，说的人也觉得对口不对心。

如何正确、有效地肯定孩子呢？

1.观察眼前的情景，仔细找出孩子已经做好的地方，并清楚地表达你所看到的／听到的。比如："看到你把被子叠起来了。""看到你把书整理好了。""你把水杯放回桌子上了。""听说你今天帮助了同学。"

2.告诉孩子你的真实感受，"我觉得很欣慰，我感到开心。"

3.告诉孩子这就是一种能力或者品德（如果你不知道如何定义，那就翻看长远目标清单），如"你帮助了同学，这就是乐于助人。"

如果孩子每周能听到父母的一次肯定，一个月就有 4 次肯定，一年就有 48 次肯定。每一次肯定，孩子的某种能力和品德就在大脑里受到一次强化刺激，孩子对自我的认知变得更加积极向上。因此，不要小看肯定的力量。只需几句话，你就能看到一个积极向上的孩子，何乐而不为？！

下面我要和大家分享一个一周肯定提升一个孩子自律能力的案例。

我认识一位可爱的男孩子，他语言丰富，表达能力强。一次在做操时他不听广播，一直不停地和旁边的同学说话。站在他的身后，我感觉我的耳朵都快被炒聋了。我从班主任那儿了解到他每天做课间操都是这样。我走到他面前，请他看着我的眼睛（确保他在听），然后温柔地告诉他："如果你可以从现在开始到广播结束（明确的时间）保持安静（积极的行为目标），我可以送给你一个神秘的礼物（调动好奇心），愿不愿意做这个约定。"他愣了一下，点点头。接下来的广播操有15分钟左右，他真的没有再说话。他的行为显示他开始调动了自己的内部管理能力，他是有能力做好自我管理的。做完操，我邀请他到办公室将这份约定写下来，签上我们的名字，并郑重地祝贺他完成了第一次约定，可以去我的百宝箱里选一份喜欢的礼物（笔、橡皮擦之类）。他兴奋极了。这是让他感到自己有自律能力的第一步。第二步，我把肯定的核心句式发给了班主任，请她今天之内肯定孩子的良好表现。肯定句式："我看到你今天做操保持安静，一直坚持到最后，老师感觉到了你的进步，这就是你的自我管理能力。加油！"第三步，我把肯定的核心句式再次以家长的口吻写下来，发给班主任，让她转发给家长，并请家长照着这个句式向孩子表达。肯定句式："我听老师说你今天做操保持安静，一直坚持到最后，老师表扬你了，这就是你的自我管理能力，要继续加油！"肯定句具体到孩子的行为和表现，并指出孩子的具体能力。我把句式发给班主任和家长，有助于他们能准确地肯定孩子的具体能力，让孩子的大脑强化的是我们最想他提升的能力。到第三天，孩子已经完全可以保持安静地做完操，而且旁边的同学也不再说话。我请老师将肯定的对象转向全班同学，用肯定去引导孩子们养成我们所期待的行为习惯。

如何鼓励孩子？尽量发现孩子表现出来的进步或做得正确的事情，就好像孩子蹒跚学步时一样，迈出小小的一步，我们都会惊呼，保持这种心态，并持续地寻找他的进步，哪怕是一小点。另外，给孩子创造更多的机会，让他们能够在一些事情上获得成就感，比如给予孩子做家务的机会，从一件小事做起，比如帮妈妈端碗、洗筷子、抱要晾晒的衣服、关窗户、给花浇水，然后把孩子做到的事情记录下来，或者告诉更多的人，爸爸妈妈、爷爷奶奶、外公外婆，让他们都真心地鼓励孩子继续加油。当然，我们要以身作则，改变自己对孩子的负面影响。一次在家庭教育工作坊中，我们讨论让孩子做家务的话题时，一位妈妈满脸愁容地说："我知道要让孩子做家务，但是每次让孩子做点什么他都做不好，我不敢让孩子再做了。"我想这是一个普遍现象。我们都知道让孩子适当做家务有好处，但是当孩子做不好的时候却总会批评他。我想请大家回到游戏那一课，我们不是天生就会做所有的事情，所有的能力都来自于练习，不断地练习、不断地失败才能获得成功。孩子做家务也是一样，没有哪个孩子一生下来就会做，都是慢慢学会的。如果我们因为孩子的一点点错误就让孩子失去了继续练习的机会，那孩子就真的不会做了。还有的妈妈认为读书学习才是重要的事，把孩子的时间都计划在了读书学习和上兴趣班上，家务全部由家长包办，甚至连饭碗都要端到孩子手里。这些孩子往往因为失去了动手锻炼的机会，在注意力和精细动作发展上往往会比其他获得锻炼机会的孩子差很多，学习成绩、书写能力、动手能力落后的可能性就比较大。这两年，我接触到很多有特殊教育需求的孩子，我问家长同样的问题，孩子在家里做家务吗？或者自己穿衣服、鞋子吗？得到的答案大都是否定的。家长觉得孩子动作慢，所以要代办，因为经常代办，孩子就更慢。

给予孩子成长的机会不需要太大的平台，不需要刻意去寻找什么机会，不需要那些闪闪发光的舞台，我们只需要给孩子倒垃圾的机会、装抽纸的机会、做蛋炒饭的机会、整理书桌的机会，给孩子自己穿鞋的机会，让孩子知道自己可以做好很多事情。

下面分享一个案例：

老师，他是我们班最不乖的
——鼓励的力量

鼓励常常被运用到和人交往的每一个环节里。懂得并善于运用鼓励的人一定是最受大家欢迎的。同样，鼓励运用到班级管理中，可以帮助孩子从负面角色中释放出来。从立竿见影的短期效果来看，鼓励可以促进孩子改善行为，把当下的事情做好；着眼于长期的鼓励效果，更是可以帮助孩子建立自信，积极面对困难。

故事的小主角，我现在仍不知道他叫什么名字，他有着圆圆的脑袋、圆圆的眼睛，我给他取了一个小名"圆圆"。

星期二的早上，课间操时间到了，孩子们在操场上排队做操、跑步。因为一年级孩子年龄小，在其他年级跑步时，他们就学习走队列。

班里正好单一个人，圆圆一个人站在班里最后一排。我习惯性地站在最后一排。我对圆圆说："我们两个人一排吧。"他抬头望了我一眼，面无表情。我准备伸出手去拉他的小手，前排的男孩马上回头给了我一个声音加动作的"善意"提示，而且是超级大声的提示，"老师，他是我们班最不乖的。"我有一秒钟的停顿，这位"善意"提醒者这种对他人打击性评价的行为让我心里泛起了大大的不愉快。

我快速思考一个问题：是谁给的标签？他真的调皮吗？

我想起了一句话："当一个人说他好的时候，他就会对这个人好；当一群人说他好的时候，他就会在这群人面前表现好；当所有人都说他好的时候，他就会在所有人面前表现好。我们，包括老师、家长还有孩子们，为什么要用不好的评价来伤害孩子幼小的心灵呢？"

我马上用更响亮的声音回应了前面的"善意"提醒者："他

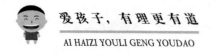

跟着队列走得很直，眼睛一直看着前面的同学，而你现在却左看右看，他做得比你好哦。"

圆圆抬头看了看我，把手伸出来，我们手拉手，安静地走着队列。

跑步时间有10分钟左右，孩子们跟着广播提示喊着"1、2、3、4，1、2、3、4"。我发现圆圆一句口号也没有喊出来，也许是第一次和老师牵手感到紧张，也许是胆小从来也没有喊出来过。此时此刻我意识到他需要一个鼓励，鼓励他喊出来，获得和大家一样的体验，去感受他也可以在集体中大声呼喊的幸福感。我弯下腰问他"圆圆，你会喊号吗？"他摇摇头，轻轻地张一下嘴巴，但没有发声出来。我摸摸他的脑袋，看着他的眼睛，微笑着说："要不我和你一起喊吧！"他点点头。于是，我们开始集中注意力听广播里的口号，口号一播出来，我立马攥紧他的小手，然后大声地喊出来。第一次，圆圆声音比较小，但是已经很清晰了，他意识到自己开口了，害羞地抿嘴一笑；第二次，他看了我一眼，看我也毫不害羞地在喊口号，他也跟着广播大声地喊出来；第三次，他的声音已经清晰地传到我的耳朵里，我明显地感受到他要向我证明他可以做好。我微笑着鼓励他。广播结束后我再给他补上一个大大的点赞。我说"我送你回教室，这样你就可以给我介绍一下你的教室。"他主动拉上我的手，没有说话，慢慢地走到教室门口。我告诉他我在教室门看着，他一边走着一边回头看我，直到走到教室最后一排，指着自己的位置。我点点头，挥手和他再见，他高兴地回了我一个再见的手势。

这就是我和圆圆之间的故事。

几天之后，我看到他的班级在走队列，他大声地喊着口号，没有害羞，当然也没有其他孩子口中的"不乖"。他看见了我，微微一笑，继续走着队列、喊着口号。

用一句小小的鼓励帮助一个孩子从负面的角色中解脱出来，从小小的事情中去找到可以让他体验成功的机会，陪着他去努力。看似微不足道的鼓励却温暖了孩子的小世界。

👉 行动指南

1. 明确自己要教育出一个积极阳光的孩子，确保自己的言语是正向的。

2. 当孩子做好一些事情的时候及时肯定孩子，并告诉他这是什么能力或品德。

3. 当孩子遇到问题时及时鼓励孩子，持续地鼓励，创造更多的机会帮助孩子树立信心。

👉 行动计划

记录下自己肯定和鼓励孩子的日常语句。

二十、我不会惩罚孩子，但不代表我什么也不做

☞ **家长的困惑**

——如果不惩罚孩子，还有什么好方法呢？孩子的问题总是要处理，面对具体的问题我该怎么办？

☞ **案例分享**

孩子犯了错，狂风暴雨般的批评不一定能解决问题，不如心平气和地坐下来和孩子沟通，一起寻找解决的办法，我想这样更有效。在我们使用新的技巧和孩子沟通时，需要我们不断控制自己，不要回到老路上去，这就需要我们做出改变，不要通过惩罚孩子的方法来解决问题。

平时杨杨能够自觉地做到先完成作业再玩，但从一年级上学期的寒假开始杨杨就不能坚持了。因为我们都要上班，于是就和孩子约定好每天最多提醒他三次。孩子的天性就如此吧，总觉得作业今天没完成，明天可以补。到要开学时，杨杨的语文作业还有4天的没有做完，因为每天有30分钟的课外阅读，一共要完成12张阅读单，当时孩子还有3张阅读单未完成，再加上寒假手抄报2张，看起来作业量并不大，但是对于孩子来说，要补上3张阅读单和2张手抄报就是很大的量了。我记得那时离开学只有2天了，我们去亲戚家玩，杨杨说："妈妈，我今天带着作业去。"到亲戚家时，2个哥哥找他玩耍，他很想去玩，但又想做作业，就拒绝了哥哥，说补了作业再去玩。补作业时，看着哥哥们玩得很开心，自己一边补，一边念道："早知道我就每天都做了作业再玩，这样子好惨。"我在旁边听着他说，没有接他的话。看他把作业完成得差不多了，我告诉他剩下的明天再完成，让他收拾好东西后就去玩。他的小脸一下子就乐开了花。在收拾东西时我问他："儿子，补作业的感觉怎么样啊？"杨杨说："太糟糕了，一点也不好。"我又接着说："我觉得挺好的呀，你看前段时间你玩得多开心啊。"杨杨说："妈妈，以前是玩得开心，可是补作业好累，手都写痛了。"我又接着问："那以后该怎么做呢？"杨杨说："我以后一定要先写作业再玩，我不要再补作业了。"我说："那好吧，妈妈相信你，快去玩吧。"

之后的节假日和寒暑假，他都能做到早上先做1个小时作业再去玩耍，每天给自己定了当日的作业量，再也没有补过作业。我曾经告诉他："学习是你自己的事情，有些事情妈妈可以提醒你，但是妈妈不会一直提醒你，你得学会对自己的行为负责，并且承担责任。"

——家庭教育工作坊学员　熙妈

我记得孩子刚上小学时，有一次忘了带家庭作业去学校。他前天晚上收拾书包的时候我提醒过他，当时他好像很不在乎我说的话，我也没有主动给他送过去，结果第二天他就被老师批评了。他回来还抱怨说我们没有帮他装好作业。我当时很清楚地告诉他，这些是他自己的事情。一直到现在，关于学习方面的资料，如果落在家里了我都不会给他送过去，要让孩子明白这是他自己的事情，而不是爸爸妈妈的事，要孩子懂得自己的事情自己做，管理好自己。

　　以前我认为只要不让孩子饿着、冻着，给他好的环境就行了。一次机缘巧合，我参加了詹老师的家庭教育工作坊，恍然大悟，原来孩子也是一个独立的个体，并不属于我们任何人，他也有自己的思想和自由，也有自己的权利，我们要做的就是成为孩子好的引路人。我们应适当放手让孩子自己承担责任，让孩子在挫折中学会成长，这才是最好的引导。之后孩子的变化很大，现在期末考试临近，他做完作业知道主动复习，反而是我这位当妈的做得还不够好。孩子，我们一起努力加油，我坚信我们可以的，爸爸妈妈永远爱你！

——家庭教育工作坊学员　哲妈

👉 点评

　　从两位妈妈的分享中我们看到了什么？自己的孩子是不是也存在相同的问题？在学校，我常常看到爸爸妈妈们在上课期间给孩子送书、送笔，孩子却气冲冲地抱怨父母没有帮他收拾好书包。我们不妨像两位妈妈学习，明确地告诉孩子他们自己应做的事，让他自己承担责任，这样孩子才能在自己行为的结果中感受到成功感或者挫折感，才能真正地成长。如果你决定了要改变这种状态，不妨在孩子出现类似情况时先获得老师的支持，告诉老师，你正在尝试一些积极的家庭教育方法，希望得到老师的配合，相信在老师的支持下孩子会进步得更快。

👉 知识在线

　　如果父母能坚持做孩子的坚强后盾，给予他们爱和鼓励，那么孩子面对挑战、迎接挫折的承受能力就会越强。当孩子进入社会，开始接触到社会规则时，规则会通过惩罚的方式给予孩子压力，孩子会在惩罚中学会遵守规则。家庭是温情，社会的规矩、规范是压力，两者结合，孩子就能在社会中形成良好的适应能力。

我理解的惩罚，仅仅指因不遵守规则所带来的后果，比如不遵守红绿灯，被罚款。这些规则是我们成长为一个社会人所必须要学会的。这些规则和惩罚是保证社会和谐的前提，让孩子们知道如果不遵守规则所带来的惩罚有助于他们清楚地认识到为人做事的底线。

然而，虽在学校和家庭惩罚并不适合，但却是常用的手段。家长在实施惩罚时可能会错误地感觉自己是很有权威的，事实上这样做的后果是孩子也学会了用惩罚的方法去对待自己和他人，并没有学到解决问题的能力，导致孩子的自我评价很低，孩子感受不到被爱，感受不到被尊重，从而放弃自己。惩罚只不过是大人单纯地发泄自己的情绪，警示孩子，并没有达到改善的目的。前面，有关游戏那一章节已经告诉我们，人人都会犯错，何况是成长经验不足的孩子。反过来说，一个人不犯错，那就说明这个人没有成长。

父母们没有更好地去学习和寻找更有效的教育方式，他们被现阶段抚养孩子带来的压力所困扰，被自己的无助情绪打败。

其实，孩子的成长除了家长的引导，更多的就是孩子自己体验行为所带来的自然结果。比如，不吃饭就饿肚子，不认真上课就不会做题，天冷不穿厚衣服就会挨冻，不去上厕所就只好穿尿湿的裤子等。我们需要安静地等待，不要急于插手，给孩子体验自然结果的时间。另外，当我们觉得自己有必要干预时，要专注于问题的解决，而不是指责。

我们需要学习少用惩罚的方式，让孩子经历自己不当行为所带来的自然后果，由此引发孩子的反思，从而改善行为，提升能力。在孩子经历自然后果时，如果需要陪伴，家长要提供陪伴。

具体操作方法有如下几种。

1. 预告与教导。提前告诉孩子我们将会做什么。每天、每周的常规活动可以采用日程表的形式提示，类似于孩子在班级中的课程表。对于临时要做的事情，我们可以清楚明白地告诉孩子我们即将做什么，让孩子知道即将发生的事情，有所准备；另外，还可以借助便条等告知方式。我们应教导孩子每一件事情的正确处理方式，比如要完成作业任务需要做哪些准备；想要拥有良好的人际关系，需要和同学友好相处，帮助同学，大方分享，不打扰同学等；书写时的正确坐姿是什么等等。请看下面的案例。

我女儿袋鼠从两岁开始学习管理自己对玩具的购买需要。每次出门前，我们会做两件事情：第一件事，就是肯定她上一次出门时，看到喜欢的玩具没有大哭大闹。告诉她可以说出自己的想法，如看一看玩具。第二件事，给孩子5元或者10元零用钱，学习使用零用钱，教会她询价。她可以自己决定零用钱的使用。袋鼠3岁时就可以自己管理零用钱的使用了。有时候她想去公园画画，但是路上会遇到卖糖葫芦的，她会站在摊位前看一看，舔一舔嘴巴，然后说："这个钱要拿去画画，买了糖葫芦就不够画画了。"然后高高兴兴地去画画了。在这种情况下，我们会及时地肯定她自我控制和管理能力很棒，她会回我们一个得意的笑脸。

我们可以把问题的处理更多地放在预告阶段。

2. 邀请孩子帮忙。孩子的价值感体现在被家人需要，他可以为家里人做一些事情，比如，宴请客人时我们可以邀请孩子一起计划，一起购买所需要的食物，孩子负责某一部分食物的采购、整理甚至煎炒等。当孩子可能出现一些情绪问题时，我们可以请他帮助我们。早上出门，孩子可能有拖拉的习惯，你可以这样要求他帮助："宝贝，我今天要提前出门，需要得到你的帮助，请你准时穿好鞋子在门口等我！"孩子吃饭拖拉，我们这样请他帮忙："晚饭后，我想请你和我一起收拾厨房，你一定要吃得饱饱的，吃完我们就收碗、洗碗、拖地、倒垃圾。"

3. 提前告诉孩子我们的禁忌和期望。明确告诉孩子可以怎么做，哪些是可以做的，哪些是严厉禁止的。比如外出郊游，离开大人是不允许的。另外，孩子学会合理地使用零花钱是我们期待的。

袋鼠爸爸准备了一辆自行车，再配上一架儿童座椅装在自行车上，这样每天袋鼠上学和放学都可以坐着爸爸的自行车，感受风一般的速度了。可是因为袋鼠很兴奋，常常坐着坐着就站了起来，或不停地扭来扭去，偶尔还捶打爸爸的背，有几次爸爸气得停下来"教训"她："叫你坐好，你不听话，我不骑车了。"鉴于不愉快的经历，我们三个人坐在一起讨论坐自行车的注意事项。因为袋鼠的年龄太小，不一定能明白我们的要求，我将整个画面画下来，引导她理解。之后袋鼠不再扭来扭去，这次教育取得了成功。

4. 给孩子提供更多的选择。孩子常常不知所措是因为他的成长经历里没有足够多的经验来帮助他处理这些事情。当孩子面临问题时，我们可以给孩子提供有限的选择，孩子能在这些选择项里找到自己接下来的行动安排。比如，孩子放学回到家，吃过简餐后，不知道接下来做什么，妈妈可以这样提供给孩子选择："你是先写作业还是先看电视？"请注意哦，不要提封闭式的选择问题，比如："你吃不吃饭？""你做不做作业？"这些提问没有意义。

5. 采取行动，阻止孩子的错误行为。如在商场里因妈妈没有能满足孩子买某个玩具的要求而倒地大哭，妈妈要做的是将玩具放回去，带孩子离开，不要给孩子做过多的言语教导和讨价还价。

6. 启发孩子如何弥补过错。孩子一定是会犯错的，犯错之后，孩子需要对自己的行为承担责任。有一名男孩，刚读小学，人际交往能力还在发展中。有一次他打同学，惹恼了同学和家长。晚上回到家，妈妈便启发他："你打了同学，现在你要自己承担责任，你看应该怎么处理这个事情。"孩子一脸茫然，想了很久，摇摇头表示不知道该

怎么办。妈妈告诉他现在要和同学主动沟通、主动道歉。妈妈问他："你可以用什么方式联系上同学和同学妈妈呢？你需要用实际行动来表示你的诚意。"孩子立刻拿起电话打给同学妈妈，亲自道歉，同学的妈妈和同学接受了孩子的道歉。第二天孩子带了自己最喜欢的小玩具送给同学表示道歉。后来两个孩子成了好朋友。我们常常在孩子做出错误行为时用暴力教训他们，给孩子一顿打骂，家长认为孩子从此长记性了，其实孩子记住了挨打的痛，并不知道该怎么做。

7.坚持原则，让孩子体验错误行为的后果。最好的例子莫过于零用钱的使用了。给孩子固定数额的零用钱，孩子可以决定自己买什么，但是又常常不懂得预算，结果是真正需要的没有买，钱却已经用光了。孩子这时候会向家长求助，用可怜巴巴的眼睛看着家长。我们家长的反应决定了孩子以后是否真的拥有会管理自己的行为。如果家长禁不住孩子的请求，给了孩子约定以外的零用钱，那么孩子自然也会认为妈妈其实还会给我钱的，她的约定不算数。如果家长坚持不给，明确告诉孩子，这笔钱用完可以等到下周的零花钱，现在是不会再给的。孩子自己体验到乱花钱的后果，自然下次就不会乱花钱了，由此孩子的自我管理能力也得到了提升。

行动指南

1.预先告诉孩子我们的计划、我们需要孩子帮助的事情、我们的期望和禁忌。针对不同的孩子，需要采用视觉的、听觉的、动作提示的预告方式。

2.随时记得邀请孩子参与一部分任务，让孩子有事可做，激发孩子的主动性。

3.采用问句式对话，帮助孩子理清面对问题时的解决思路。

4.通过家庭会议和孩子就具体的问题进行约定，并按约定办事。

5.坚持原则，让孩子知道行为的后果，在安全的前提下给予孩子体验自然后果的机会。

👉 行动计划

1. 孩子不带书去学校，会有什么样的后果？我们可以如何帮助孩子更好地成长呢？

2. 孩子乱花零用钱，会有什么样的后果？我们可以如何帮助孩子更好地管理零用钱呢？

3. 还有哪些事情我们可以运用自然后果的方法让孩子成长呢？

二十一、跟孩子沟通，我有一套

案例分享

从当妈妈起，我就想把最好的给予孩子。现在每天回家后，我都用在家庭教育工作坊学到的"好好说话"来和女儿聊天，她的语气和反应让我明显感觉到她更喜欢现在的妈妈。最近几天，她做作业的速度和质量有所提高。女儿现在上六年级了，我之前认为她时不时地挑战我是因为她现在处于青春期，因为叛逆。自从我参加了家庭教育工作坊的学习后，首先改变的是自己。我觉得老师说得很对，我们为什么要改变孩子？孩子是一个个体，她有她的思想，我们为什么总是把自己的想法强加在她身上呢？我们不能改变孩子，而我们应该改变的是自己。我不再是以前那个碎碎念的妈妈，家里有什么事情我要问问她的意见，让她说出她的想法，给她讲道理，不再像以前那样，像着火的鞭炮一点就炸。吃过晚饭，我们也会聊天，问问她有什么意见或者想法，我们一起讨论；有时我和孩子一起玩游戏，我教孩子我们在家庭教育工作坊学到的游戏，孩子又教我学校课间玩的游戏。看到她最近因为我的改变也在改变，我真的很高兴。真心感谢老师，让我受益匪浅，我明白了不要光看表面的短期目标，而是要把眼光放长远，看到教育孩子的长远目标。我相信自己可以做一个更好的妈妈。

——家庭教育工作坊学员　悦妈

　　家庭教育工作坊课上，8位家长轮流和另一位家长扮演父母与孩子，第一位家长对孩子说的话让我感到内心的惶恐，有些语言我曾经也对自己的孩子说过，我深深被触动了，那一刻五味杂陈的情绪涌上心头，并提醒自己以前对孩子的做法是错误的！第二位家长对孩子说的话让我感受到我们可以和孩子愉快、和谐地相处，可以通过换位思考解决问题；我们要关注孩子的优点与进步，不要只看到错误，更多地使用正面语言，要多给予孩子肯定，让孩子愿意说出自己的感受。爱，需要用对方式，孩子只有在他感觉良好时表现得更好。我从体验走向理论，又从理论结合实际，我要用亲密、信任、陪伴的方式跟孩子相处，让他真真切切地感受到我对他的爱。

——家庭教育工作坊学员　奎妈

　　以前我总觉得满足孩子的物质需求，把他的生活起居照顾周到，就是对他负责，就是爱，然而在家庭教育工作坊学习时做的一个游戏让我落泪了。8位家长轮流和另一位家长扮演父母和孩子，家长们对孩子各种批评、指责，当扮演孩子的那位家长挨次去接受每一位家长的批评时，我也把自己变成孩子的角色去体会，当时感到心情很沉重、难过。当8位家长换了不用指责、批评的方式之后，我觉得很欣慰。这次角色扮演让我领悟到我们作为孩子最亲的人，为什么说出的话却如此"残忍"，让孩子感觉不到一点温暖。我们的初心是爱孩子，为什么表达的却是冷漠、责备，这深深地触动了我的心，我们作为家长，真的需要好好对孩子说话。

——家庭教育工作坊学员　锐妈

👉 **点评**

案例中我们读到了 3 位妈妈深切的感受。游戏中反映出了同样的孩子，因为家长不同的教育方式，其达到的结果截然不同。不听话的孩子，会因为我们好好说话而变得乖巧听话。你想有一个乖巧的孩子吗？那就一起来学习好好说话！

👉 **知识在线**

相信每位家长都知道好好说话的重要性。虽然大家都会用语言表达自己的思想，但是到了教育孩子时，如何用语言去激励孩子，仍然是需要家长重新学习的。因为我们的"出言不逊"，导致孩子"忠言逆耳""充耳不闻""故意违抗"，这些案例多不胜数。

家庭教育工作坊里，我们邀请 8 位家长分别说出 8 句平常教育孩子惯用的语句：

1.马上把地上的玩具全部收拾干净。

2.已经 10 点了，你还没有做完作业，快点做！做不完就不要读书了。

3.老师今天告诉我，你今天上课又不认真听讲，怎么回事？

4.你什么时候才能记住饭前洗手？

5.今天的垃圾怎么还放着？赶紧去倒垃圾！

6.这次成绩 70 分，怎么考试的？又做梦了？这 30 分去哪里了？

7.你总是在打游戏，作业又丢到一边，好久做作业？马上去做！做不完，看我收拾你！

8.这个字读不出来，写不好，哭也没有用，马上给我读，给我写！

一名家长扮演孩子，依次去听 8 位家长的教训，听完之后，"孩子"说自己的感觉很糟糕，不想在家里待了，感觉自己很笨，家里的人都不爱他，甚至想离家出走，家长说的这些也不愿意去做。

然后，我们现场采取好好说话的技巧将同样的 8 件事情进行句式修改，结果如下：

1. 我看到一堆玩具放在地上。我记得昨天你看完这些绘本书后就把它们送回了家，所以昨天它们都很开心，整齐地睡在自己的床上呢。那么今天该怎么做呢？

2. 现在 10 点了，我看到你还没有做完作业，是不是遇到了什么困难？如果你需要妈妈的帮助，我明天晚上 8 点过后有时间。我希望这样的情况能得到有效解决。

3. 老师告诉我你上课有些精神不集中，你愿意和我谈谈吗？只要你准备好了，随时都可以。

4. 昨天妈妈看你一整天都记得洗手的哦！我们需要再努力，做一个爱卫生的孩子。

5. 前几天，我们都坚持完成了自己的家务，加油坚持哦。

6. 这次考了 70 分，我看到你这段时间很用功，我相信你能弄懂做错的题目，继续加油！需要爸爸帮助，随时告诉我。

7. 妈妈注意到你打了一下午的游戏，你的眼睛需要休息了。妈妈要去买菜，你愿意陪我一起去的话我会很开心的。

8. 妈妈看到你这几天认字、写字都不是很顺利，我想你可能需要妈妈再教一教，这样加深印象，你准备好了吗？

同样，我们邀请刚刚扮演孩子的那位家长来听一听新改编的 8 句话，听完之后，"孩子"说出自己的感受：完全是不同的感受，刚才的是地狱，现在是天堂，现在感觉爸爸妈妈都爱我，我会犯错，但是我愿意去改正。

大家建议我也把这个游戏改名为"天堂和地狱"。孩子仍然是那个孩子，事情仍是那件事情，但是不同的说法获得了孩子不同的反馈。好好说话是一种教育态度，会说话是一种教育能力。我们要做愿意好好说话的家长，也要做会说话的家长。

我们来总结好好说话的技巧：

1. 运用客观的语言描述。使用固定句式："我看见你……""我听说……""我观察到你……""我注意到……""我发现……"记住后面部分一定是一个具体的事情，比如几本书都放齐了，碗放在了洗碗槽里，垃圾已经倒出去了，作业做完，书包整理完了，你的碗里还有半碗饭，你有2个字需要修改，你前天跑了400米，你一个人去超市买了醋，等等。

2. 指出孩子能够或者已经做得好的地方。如："前几天你……做得很好哦！"可以把记录孩子做得好的照片、记录本等翻出来，给孩子更强的视觉提示，更好地鼓励孩子。

3. 帮助孩子学习和尝试解决问题的方法。如对他说："我们可以……""你可以……""相信你会……"在提出行为期望时，我们还会面临一个挑战，就是孩子会试探我们的底线，请记得保持和善而坚定的态度，温柔、清晰、明确地告诉他按约定做。如果你有退让的打算，那就要做好一直被孩子挑战底线的心理准备。

父母对孩子好好说话，带来的必然是孩子的自信、积极、阳光、勇敢、体谅、愿意改正错误的优点。

好好说话，不仅有益于亲子关系，让孩子学会了好好说话，也有助于改善与同学的关系。孩子从小就会模仿身边的人，父母的一言一行都深刻地影响着孩子。如果一个孩子总是对他人恶言相向，那我们大致可以判断出孩子的抚养人平常说话多半也是这样。班级里常常就有这样的孩子，他们总是去鼓励同学，比如"蕊蕊，相信你一定能做到的，加油！""明明，我看到你跑得真快，好棒！""虽然语文考得差，但是你数学考得不错，语文再多复习一下。"相比，班级里那些总爱去打击别人的孩子，你更喜欢哪一类？会说话的孩子大家都喜欢，他的人际关系一定不会差。

所以，孩子也需要学习好好说话。

我记得女儿和侄女有一段时间总是喜欢争抢，其中一个玩玩具时，另一个不管喜不喜欢，都要去抢；一个说要看这个动画片，另一个就不让她看。于是我打算跟她们谈一谈。一天下午放学在家，姐姐正在开心地摆弄今天在幼儿园手工课上做的一个洋娃娃，妹妹看见了，想玩一玩，伸手去抢，姐姐不同意，抱着就跑，然后两人打成一团，最后上升为两个孩子你抓我一把头发，我抓你一脸指甲印。我把两个人分开，东西还给姐姐，抱着妹妹等她慢慢冷静下来，问她要不要试一试和姐姐"谈判"呢？妹妹摇头说："妈妈去'谈判'。"她很害羞，同时也害怕姐姐不答应。我给她演示："姐姐，我想玩一下你的洋娃娃，可以吗？"姐姐说："妹妹，自己说。"妹妹："姐姐，我想玩一下你的洋娃娃，可以吗？"姐姐："可以，但是你不玩了的时候要还给我，不准抢姐姐的，抢是不对的。"妹妹听话地点点头，姐姐把洋娃娃递给了妹妹。于是，"谈判"成功了，两个孩子也觉得这样的处理方式挺愉快的。下一次遇到类似的争抢问题时，我提醒她们两个："你尝试和姐姐／妹妹'谈判'了吗？"当然也不是每一次"谈判"另一方都会答应，我们"谈判"的前提要建立在尊重孩子自己的权利上，这个玩具是姐姐的，姐姐不愿意现在借给妹妹，妹妹非要玩、非要抢的态度就不能将就，妹妹应学会控制情绪。我们也可以采用转移注意力的方式让妹妹不再纠结于这个事情，比如玩其他的玩具，做点自己想做的其他事情，或者陪着她做个游戏，还可以邀请妹妹帮忙做家务等等。另外，就是一视同仁。当姐姐出现这种情况的时候，教会姐姐跟妹妹"谈判"，当姐姐不愿意"谈判"的时候，也一样引导她去做其他的事情。这不是一次练成的，我带着两个孩子一共经历了36次"谈判"训练，她们两人才能熟悉地运用，才习惯当自己想要向对方表达一个愿望时，可以自然地用这个询问的方法。我还教会孩子想要对爸爸、爷爷奶奶表达自己的想法时，可以说："婆婆，我现在想借一下你的手机给妈妈打电话，可以吗？""爸爸，我希望你能陪一陪我，可以吗？"

另外，说话还有一个技巧，那就是幽默。当孩子吵着非要买一样东西时，我会告诉她如果我是圣诞老爷爷，我一定立刻赶着我的驯鹿给你送来礼物。咨询中常常遇到各种情绪的孩子，有一次，有一孩子故意躺在我的咨询室门口，然后一脸愁容地看着我，他是想获得我的关注。我伸出右手两个手指，在嘴前夸张地哈气，然后对着他一挥动，说了一声：

"变！"孩子立马笑起来，然后我把手递给他，他抓住我的手，我做出使劲拽的样子，他起身高兴地走开了。在家里，当孩子吵着要买东西时，我会夸张地摸摸自己的口袋，然后装着在记录的样子，我告诉她这是在记录她的心愿，女儿看着我一本正经的样子，咧嘴大笑。

当我们愿意静下来和孩子好好说话的同时，也就是在生活中抓住机会，教会孩子好好说话，这样孩子就会形成良好的表达能力和人际关系处理能力。这是不是你内心里一直期待的吗？一定切记去实践哦！

行动指南

1.改变心态，愿意用言语去鼓励孩子。

2.时常用言语去肯定孩子做得好的地方。当然，大部分孩子还特别喜欢将自己能够做的事情用图画和照片的形式记录下来，如果这能促进孩子进步，何乐而不为？！

3.当孩子忘记了自己该如何正确实施时，请用他已经做好的事情来提示他，并向他表达你的关心、你的期待、你的支持、你的底线。

4.保持温柔而坚决的态度。

5.教会孩子好好说话，同时以身作则。

行动计划

思考当孩子有下面的行为时，我们应怎样运用说话的技巧引导孩子。

1.孩子打扫卫生时，不小心把垃圾桶弄翻了。

2.孩子考试失利了。

3.孩子喜欢上一个同学。

4.孩子的零用钱花光了。

5.孩子不收拾自己的书包。

6.孩子老是弄丢校服。

二十二、家庭会议让家更有爱

案例分享

儿子 11 岁，正处于叛逆期的边缘。学校的作业他无条件地完成，但是我额外给他布置的作业他非常抗拒。星期六下午，我们家三个人都在家里，我说："妈妈的老师给我的家庭作业需要你们来帮我一下，就是开一个家庭会议。"我拿来三张白纸、三支笔。第一个先发言的是我，我先说了儿子的优点：开朗、勇敢、热情、敢挑战；缺点：遇事情畏难，做作业不细心，有目标但不付出努力。儿子也说了我的优点和缺点。当他说到爸爸的缺点时，把我拉到一边想悄悄告诉我。我们告诉他现在是家庭会议时间，有什么意见都可以说出来，然后他慢慢吞吞地说："爸爸在讲作业时爱发火、大声说话。"爸爸立刻就表态，以后注意自己的言行和说话的语气。儿子说想要考取双中（本地一所口碑很好的中学），每天做提高题，不懂就虚心听讲。开完家庭会议后，儿子知道每天自己做提高题，有错题的话，爸爸回来后他们一起讨论。后来他奥数两次课前考试都得了满分，他看见了自己的努力有了回报，对自己更有信心了，家庭的气氛更加融洽。

——家庭教育工作坊学员　博妈

点评

这个案例让我们看到博妈家已经开始借助家庭会议这一方式讨论问

题、规划事情。孩子在家庭会议上可以说出自己的观点，或者一起制订可视化的日程表，由此带来孩子的变化也被写进了案例。相信你也很想学习家庭会议这一方式，我们一起来学习吧！

👉 知识在线

家庭会议中，家庭成员共同参与，大家平等发言，每个人都得到公平对待，以相互尊重为基础。

家庭会议可用专门的问题记录本，全家人都可以写上自己遇到的问题，并张贴在公共的位置，人人都可以翻阅。这些问题可在每周一次或一次以上的家庭会议上进行讨论。

家庭会议的时间也需要家庭成员一起商讨确定，每周至少一次，确保每个人都能参与，家庭成员尽量不缺席。

家庭会议还要细化分工，主持人、记录员、监督员等等，这样有助于每一名家庭成员都有自己的职责，更能体现平等，激发参与者的积极性。

主持人按照记录本上的问题逐条阅读，然后询问提出这个问题的家庭成员现在问题是否解决了，如果解决了就直接讨论下一个问题，如果没有，则针对这个问题，全家集体发言。每个人都提出自己的看法和建议，记录员一一做记录，其他成员则认真倾听，不做任何评价，然后邀请提出这个问题的家庭成员选出自己认为可行的方法，由记录员记录下来，并张贴出来。

家庭会议还要组织全家对活动做计划。孩子们在家庭会议中，可以学习如何去计划一些活动，比如家庭周末游、家庭聚会、邀请朋友等。会议中，每个人都可以提出自己的设想，然后统一商讨出整体方案，方案中每个人都有自己的分工职责，家长也可以在会议上提出一些期待和要求。孩子们需要遵守的规则也是自己事先已经知道的规则，能做到自觉遵守。

　　家庭会议是一个平台，能让父母不再发号施令，而是坐下来与孩子平等对话，它也能让孩子获得尊重，找到解决问题的方法。

　　关于家庭会议，我有如下建议：

　　1. 爸爸或妈妈向所有家庭成员发出召开家庭会议的邀请，口头、留言条、书信的形式都可以。

　　2. 商讨具体时间，具体到周几、几点几分开始和结束。

　　3. 让问题记录本成为好助手，也可以用便签条。

　　4. 家庭角色分工，各自提出可以为家庭会议做点什么，再给自己的角色取个有趣的名字。

　　5. 对具体问题进行讨论。

　　6. 张贴方案。动手记录、张贴等任务尽量让孩子完成。

　　7. 执行方案。监督员的责任是让大家要真正履行计划。

　　8. 下次会议时先反馈上次的执行情况，再解决新的问题。

☞ 行动指南

　　1. 家庭会议流程：确定时间，全家围坐在一起，讨论上次的实施情况，调整方案，讨论新的问题，汇总建议，确定实施方案，签字并张贴。

　　2. 使用记录本或便签条，方便大家遇到问题时能及时记录下来。

　　3. 家庭成员在家庭会议中都要有角色分工。

　　4. 商讨设定一个方案试用期限，试用期按方案执行。

　　5. 家庭会议本身就是一个技巧，实施中需要慢慢练习，直到全家人都能熟练运用。

　　6. 会议结束后，选择一个家庭活动，让家庭的凝聚力和幸福感体现在孩子和家长都可以看得见、摸得着的互动中，增进全家人对家庭幸福感的体验。

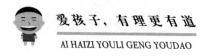
☞ **行动计划**

　　召开一次家庭会议，就某个主题进行商讨，制定出切实可行的方案，签字后张贴出来，按方案执行。

主题		时间	
参与人员			
发言记录			
形成方案	签字：　　　　签字：　　　　签字：　　　　签字：		

第二章

实践运用

一、帮助孩子顺利度过一年级

☞ **家长的困惑**

——现在孩子上一年级了，但学习跟不上，我们不知道怎样辅导孩子，孩子做作业拖拉怎样才能不对他吼叫？

——孩子在学校不做作业，该怎么去教育他？

——孩子在家比较听话，但是在学校不听讲，不太听老师的话，喜欢我行我素，心理很脆弱，爱哭、发脾气，在学校和别的孩子发生冲突时情绪变化很大。

——我有两个孩子，一个学习中等，一个学习很差，差到降了一级还无法独立做题、思考、阅读。对此我很无助，不知道该如何去面对学习不好的孩子？

——孩子总是将学习和玩分不开，学习时安静不下来，专注力不集中。

——我还是不能完全控制好自己的情绪，特别是在孩子学习方面，我比较急，忍不住去吼他。我和孩子爸爸在教育理念上不一样，不知该怎样去和他有效地沟通？

——孩子虽然在认真听，但课后好像什么都没有听懂，导致作业不会做！

——孩子与小朋友交流有点问题，不知道怎样和同学相处，老爱动

手动脚。我不知道怎样才能让孩子学会倾听？

——孩子记忆力差，注意力不集中，理解能力差。

——孩子写字很困难，与其他小朋友沟通有一定困难。运动协调能力差，6岁了，还不会跳绳、拍皮球。自控力较差，专注力急需提高。

——孩子为什么一点自信都没有，专注力不集中，与人沟通不顺畅，希望孩子能像其他小朋友一样快乐。

几乎每个家庭都会在孩子就读一年级时，出现各种各样的问题。比如：孩子起床拖拉；回家做作业专注力不够；反复教导某些知识点，孩子都记不住；书写不工整，做作业没有耐心；孩子适应班集体困难；情绪问题严重；孩子不会用语言表达自己的想法，缺乏沟通技巧，喜欢动手打人，等等。这个时期是孩子从幼儿过渡到童年的转换期，面对突然增多的规则、严格的纪律、复杂的学业、陌生的同伴，种种不适应情况突显出来。如果孩子在这个时期没有得到有效的引导，很可能会发展成一种长期的状态，在学业、情绪、行为上表现出持续的问题。

我在本书的最后一章特别讨论父母如何去帮助孩子顺利地度过一年级。大家还记得前面的所有技巧吗？在这一章，我把前面讲到的部分技巧加以运用，来解决所有父母都比较关心的一年级孩子入学前后出现的问题。

技巧一：预先告知

预先告知可以减少孩子进入特定的环境后出现各种问题。孩子即将升入小学，为避免出现各种可能的问题，预先告知的环节必不可少，可从下面两个方面入手：

把握最佳时间。在孩子进入小学之前的半年到一年时间，告诉他即将升入小学，让他在心理上有一个接纳过渡期，做好准备，并用一种积极的心态去迎接入学。当入学时，孩子背着书包走进教室时，就不会有那么多的恐惧和不适应。

采取多样化的预先告知方式：第一种如口头预告，当看见别的小朋友背着书包的时候，父母用非常高兴的口吻告诉孩子，他也很快就可以拥有自己的小书包了，可以佩戴鲜艳的红领巾了！口头预告时要特别注意一点，千万别说"到时候就有人管你了，如果你不听话、不听课、不做作业就喊老师好好管教"之类的话，影响孩子对老师的期待，不利于孩子和老师之间的关系，导致入学后害怕老师或者不喜欢老师。第二种可取的方法即故事预告。和孩子一起读一些相关书籍，常见的绘本中有许多有关上学和克服学习困难的故事，如《不是第一名也没关系》《我要上小学了》。这些故事都非常有趣，且能让孩子感受到进入小学是有趣的，是值得期待的。第三种是纸笔预告，也是非常有效的方法之一。我们可和孩子一起画一画自己将来要做什么，孩子会用稚嫩的语言表达他的想法。我们也可以引导孩子画一画读小学之后他们会看到什么？每天都会发生什么事情？大大的操场、温柔的老师、漂亮的新书、明亮的教室等等都会出现在孩子的画本里面。第四种是实地参观。其不失一种直观的方法。带孩子去附近的小学看看；利用周末带孩子去参观学校，了解小学与幼儿园哪些地方不一样。参观校园环境，能让孩子进入小学时不会觉得陌生，避免孩子进入陌生环境而产生惧怕。

技巧二：练习

练习是家长教导与孩子学会之间的过程。家长往往会以为自己教了孩子就应该学会了。孩子不会，家长就会担忧（以为孩子学习能力欠缺），或者对孩子发脾气（以为孩子故意和自己对着干、不想学、态度不端正）。大多数情况下，家长忽略了练习这个环节。如下：

家长教导 ⟹ 练习 ⟹ 孩子学会

练习作息习惯的培养。进入小学后，作息时间比较固定，老师对学生的出勤要求很严格。希望孩子能养成刻苦学习的好习惯。家长应积极配合，避免出现因家长自身的原因导致孩子经常迟到。许多时候，校园里铃声已经响起了，孩子还在门口吃早餐。孩子早饭吃不好，注意力难以集中，学习成绩自然跟不上。孩子习惯不好，做事情丢三落四就会成为常态。所以，在孩子进入小学之前，整个家庭都要一起调整作息时间，每天保持规律的生活，养成早睡早起的好习惯。不要以为学习是孩子一个人的事情，家庭成员就没有任何责任。孩子一直都在模仿父母的言行，你们都不能早睡早起，怎么能要求一个未成年的孩子严格自律？我认为最佳的练习时间是从孩子进入幼儿园开始，从孩子入园的那一天，你就要陪他一起去认真对待读书这件事，不要有任何的懈怠。能陪孩子一起保持良好作息习惯的父母，在孩子入小学后，会比其他父母更轻松，因为孩子许多可能出现的问题已经在幼儿时期得到了解决。

作业习惯的培养。做作业是一年级孩子最痛苦的事情，因为第一次经历做作业这项对认知、精细动作、注意力、记忆力、思维力都有较高要求的任务，并且老师还要检查，做不好会挨批评的可怕后果，让孩子不喜欢做作业。从孩子入学的前半年，可以尝试做以下准备：在书桌前看故事书，画画，写简单的字母、数字，描红字帖等，保持3~5分钟不离座。告诉孩子这就是做作业，并不是什么难事。

👉 技巧三：温情与指导

不要轻易对孩子表现出失望，他只是暂时没有学会，不是笨和懒。用"问题就是机会"的思维来思考，当孩子现在出现问题，那就是一次学习某种习惯、技能、品德的机会。比如，孩子出现忘记带书的问题，这就是一次学习整理书本和文具的机会，抓住良机教会孩子。许多家长很心急，常常说自己教了很多遍，孩子就是学不会。实际上是孩子感觉到你数落了他很多遍，不是教导，是发泄自己的情绪。

👉 技巧四：倾听与感受

某一天在公园画画，我听到一个孩子对妈妈说："妈妈我不想画画了，这个画好难哦。"妈妈立刻大声说："好没有耐心哦，必须要画完。"孩子瞬间闭嘴，低头继续画画。孩子说这句话背后的感受是什么？妈妈想要传达给孩子的是什么期待？为什么母子俩的沟通无法继续？孩子需要的是妈妈能认同他的感受，希望可以获得妈妈的鼓励。妈妈希望孩子在面对有难度的事情时能够坚持完成。妈妈没有认同孩子的感受，强硬的命令直接掐断了孩子想沟通的欲望。

当孩子向你表达他不想读书的时候，你会怎么办？当孩子对你说同学又欺负他了，你又会怎么办？当孩子哭着说别人嘲笑他，当孩子说他今天被老师批评了，当孩子说同学有什么东西，他也想要时，你又有什么办法呢？

试一试以下妙招：首先蹲下来，拉着孩子的手，或者把孩子抱起来坐在你的腿上，微笑着看着孩子，认真地听孩子说完他的想法，然后认同孩子的感受："你看起来挺伤心的，如果爸爸遇到这样的事情也会非常无助的。我理解你，我的孩子！"接着，给孩子一个真诚的拥抱，让你的拥抱给予孩子力量和勇气；最后和孩子一起讨论有哪些方法可以帮

助他。讨论时，选择轮是一个有效的工具。

技巧五：做家务与运动

做家务的年龄段越小越好。孩子进入小学后不能因为学业忙、兴趣班多而停止让其做家务。做家务可以让孩子的手指得到充分的锻炼，且孩子可以感受到被家庭需要的幸福。大多数学习困难的孩子都缺失做家务的机会。许多孩子在学习生字时，需要看一笔写一笔，不能完整地记住字形，这类孩子往往用钥匙开门和系鞋带都有困难。如果你不想让你的孩子出现学习困难，做家务是很好的一个选择。在孩子与你一起学习做家务的过程中还能有效改善你们的亲子关系。

我们对孩子的运动是有一定要求的，但是一旦学习和运动发生冲突时，大家都会毫不犹豫地选择学习。运动的好处不必多说。运动能力在体育课上表现为大动作——跑、跳等技能型动作。事实上，运动能力会影响一个孩子的学习能力。运动能力差的孩子学习能力一般都较差。我观察了大量的个案，得出一个结论：动作分解、模仿有困难的孩子，对字形的分辨往往有困难；动作协调能力差的孩子，书写潦草，写字忽大忽小，笔记凌乱，书本的整洁度差，书包里乱糟糟；动作没有力度的孩子，学习时精神状态不好，书写时跟不上速度，显得拖拉。

不要以作业多，没有时间做家务和运动为托词，影响孩子学习能力的发展。请记住，不包办，不剥夺孩子发展能力的机会，就是最有效的训练。

技巧六：陪伴

任何事情都比不了在孩子需要你的时候，你能陪在他的左右。安安静静地陪在孩子身边，看着他成长，享受和他在一起的每时每刻。陪着他去面对困难，陪着他去探索、去审视未来的人生，陪着他长大，看着他远去。

　　无论我们的孩子是什么样子的，我们都爱他，给他温暖和支持，这就是陪伴的意义。

　　除了以上的技巧以外，关于学业，更多地需要通过测试去了解孩子的现有能力水平，不妨去寻求专业老师的帮助，这也是父母们解决孩子问题的技巧之一。没有哪一个技巧是万能的，但是只要我们尝试去实践，你一定会收到惊喜！

二、妈妈的温柔最有力量

我收到一份家长的作业，没有妙笔生花，只是一位妈妈最朴实的记录。当我看的时候，我的脑海里浮现的全是这位妈妈的笑脸。我记得她说得最多的话就是"我要回家试一试！"

下面的母子对话是用实录的方式记录下来的，也能代表亲子对话的常态。相信大家在读了下面的情境对话后，也会和我现在的心情一样，一种幸福感在内心暗自涌动：

情境一：周三下午3点半，放学接孩子。孩子的班主任老师跟妈妈的对话

老师：今天小轩在学校又被老师点名了，纪律不好哦！数学课上和同学递纸条被白老师批评了。音乐课上，在老师眼皮下跟迪迪（另外一位同学的化名）打起来了。

妈妈：啊？这孩子怎么又犯错了啊！回家我一定好好教育。真是辛苦你了，李老师，我都不好意思面对你了。

老师：回家好好跟孩子沟通！不要过激！

妈妈：好的，我甚至想辞职回家专职带他了，感觉自己不太称职了。

老师：最近感觉他跟个别调皮的同学走得太近，妈妈要多点时间陪伴才行。

妈妈：好的，谢谢李老师。

老师：保持联系，我相信他。

当时我的心情很糟糕，但是一直在提醒自己要冷静，脑海里急迫地想要回忆家庭教育工作坊学到的知识。

情境二：儿子在托管班下课后我去接他，在回家的路上，我们边走边聊

妈妈：儿子，今天在学校感觉怎么样呢？

儿子：妈妈，今天我在学校犯错误了。

妈妈：啊？怎么回事？

儿子：妈妈，你不要着急、生气，我们老师看了我写的日记都没有生气。

妈妈：你还写日记了啊？到底是多大的事？你先说，妈妈不会生气的。

儿子：首先是上数学课时，老师在讲直角的课程，我很喜欢，我本来很认真在听。何同学他们三个老是找我传纸条，问我下课后要玩什么游戏。我连续三次都没理他们，但是他们仍然要来找我。最后，我实在忍不住了，就在纸条上回了一句"我不想说"。结果被白老师发现了，让我们先写日记反思。我写了三页，说清楚了事情经过。我觉得我下次应该再好好控制一下自己。白老师看了我的日记后说："以后他们再来找你，你就不要理他们，下课了可以告诉我，我来教育他们。"我认为白老师已经原谅我了。

第二件事是上音乐课，大家都很吵闹。我上午才犯错了，所以坐得很端正。音乐组长邀请我一起组织纪律。我叫迪迪不要再吵闹了，谁知道他非但不听，还打我，我就还手了，他更加使劲地推我，然后他还追着我打，都追到老师面前了。李老师听了我的讲述后批评了我，说我这段时间表现不好。今天本来我是可以得到表扬的，结果却是这样。

妈妈：听你这样说，我并没有感到很生气啊！虽然你今天两次被老师批评犯错误了，但是我觉得至少你刚开始是在努力认真听讲的，只是你的意志力还不够坚定。

儿子：我决定了，明天就去学校请李老师为我做证，让她监督我，我必须在一个月内改掉坏习惯。我以后一定控制好自己的情绪。其实我现在已经有进步了，我今天试着控制情绪，只是火候还不够。明天开始，我要好好提醒自己。以后我一定三思而后行，先好好想想后果。

通过今天的沟通，我认为孩子是认真思考了，下定决心要改变自己，我们很愉悦地解决了问题。对比过去，听到老师反映情况后我肯定会火冒三丈，完全冷静不下来，回家就会逼着孩子承认错误，对他大呼小叫，他会受到恐惧、发怒、抱怨等情绪的影响。无法冷静思考自己错在哪里，要怎么改正。通过家庭教育工作坊的学习，我提醒自己控制情绪，耐心倾听；引导孩子自己提出目标，慢慢实现目标，同时找机会给予他表扬和鼓励。

上面的案例中，轩妈所使用的主要技巧有：温和的沟通态度，同理孩子的感受，保持安静的倾听，发现孩子的闪光点及时肯定，为孩子的成长提供动力。这个案例也告诉我们良好的自我情绪控制是所有沟通或者教育成功的基础。

三、家庭教育与孩子学习能力的培养

　　我和所有父母一样，孩子到了两岁就开始考虑要不要送孩子去参加各种早教班、能力体验班、能力辅导班。从写这本书开始，到这本书正式出版用时两年，女儿也从 3 岁的毛躁丫头变成了爱美的 5 岁姑娘。每个周末，我都会带她和姐姐出去，我们会去爬山，去公园，让她们在草坪上狂奔，去认识各种植物、动物，以保证每一个周末都可以锻炼身体，可以见到不同的风景。每天放学后，我和孩子爸爸会先抛开所有的事情，和孩子一起做晚餐，在客厅里玩游戏、做手工，吃过饭后，我们在小区里拍皮球、骑滑板车、跑圈圈。每天入睡前，请孩子自己选择故事书，然后读上一两个故事再进入甜蜜的梦乡。想起来确实也没有做什么特别的事情，但是在细水长流的日子里，孩子的许多能力在自然发展。

　　关于阅读能力：阅读能力是一个人终身学习的能力。有学习障碍的孩子大多在阅读能力方面的训练是最吃力的。我每个月都会买许多绘本故事书。有些书，女儿会特别要求讲很多次。她喜欢这些书，而书带来的力量是不可小觑的。楼上住着女儿的同学，牙齿烂了许多颗，原因是晚上不刷牙。我们家就不存在这个问题，因为家里有几本讲关于爱护牙齿的故事书，孩子早就把它们记在了心里。偶尔她想偷懒，不想刷牙，我们就笑开玩笑说："好的，没问题，你自己决定刷不刷牙，不过万一成了爷爷的牙齿（有一本绘本故事叫作《爷爷的牙齿》）可就吓人了哦！"她笑一笑，便马上去刷牙了。在阅读时，我们可以锻炼孩子的听觉、视觉注意力、理解能力、故事复述能力、角色表演能力。随着孩子长大一些，我还会加入一些辨别异同的能力训练，比如《好饿的小蛇》故事里，有一句重复的话"啊呜、咕嘟、啊、真好吃"，我请女儿仔细

看一看这几个字，它们有什么共同特点。女儿左看右看，发现它们都有一个"方框"，我顺势告诉她这就是我们的嘴巴——口。我相信，一个会读书的人不一定成绩优异，但是他一定是快乐的，因为他在书中"行得远，见得多"。

关于游戏与运动：运动我暂且也把它归入我们家游戏中的一种吧，因为我和孩子爸爸都不是特别会运动的人，但是女儿的运动能力还不错。她跑我们追，是我们家的风景线。大运动带给孩子的是身体的舒展、平衡能力、大脑控制能力的发展。我是一个会自己制造快乐的人，同样在孩子面前我也不需要装得很深沉。我经常会在家里说搞笑的话，并用说唱的形式表现出来，女儿也被我感染了，她也用唱来表达自己。这就是游戏力。玩游戏不是非要学会某个游戏，或者一定掌握某种游戏技能，我们真的只是玩，哪怕还没有真正开始玩，可能我们已经被想象出来的细节折腾得笑得合不拢嘴了。游戏带给我们快乐，让我们可以持续地保持比较稳定、平和的状态。很多时候，回到家已经很疲倦了，我就躺在地上，静静地躺着，女儿自然跟着躺在地板上，或者伏在我的身上。我们也可以玩"假装游戏"，假装要种一颗种子，种子要静静地躺在土壤里，然后等待很久、很久，才会慢慢地抬起头来，伸伸懒腰，踢踢腿。许多游戏我都没法给它们命名，和孩子玩游戏时，思维是极其发散的，远到你不能触及的地方，但是这些都能帮孩子打开思维、享受幸福。

一个人一生无论取得多大的成就，终究是在家庭中获得安全感、稳定感、幸福感。在我自己带孩子的这几年，我一直坚持做的事情是陪伴、游戏、阅读。

结　语

　　我要将美国作家卡勒德·胡赛尼《追风筝的人》一书中的一句话"为你，千千万万遍！"分享给所有的父母。为了孩子的成长，愿你细读此书，共同成长。

　　你们可以做得更好，孩子也可以成长为更好的自己。

　　愿你和孩子幸福如初！

参考文献

[1] 简·尼尔森.正面管教系列 [M].上海：复旦大学出版社，2017.

[2] 张文京.特殊儿童个别化教学设计与实施 [M].重庆：重庆出版社，2017.

[3] 牧之.儿童行为心理学 [M].北京：台海出版社，2017.

[4] 马利琴.没有教不好的孩子只有不会教的父母 [M].沈阳：沈阳出版社，2017.

[5] 静涛 // 凤莲.如何说孩子才会听怎么听，怎么听孩子才肯说 [M].北京：新世界出版社，2019.

[6] 尹建莉.好妈妈胜过好老师 [M].上海：百花洲文艺出版社，2016.

[7] 东子.好爸爸胜过好老师 [M].桂林：漓江出版社，2014.

[8] 鲁鹏程.妈妈不吼不叫教育男孩 100 招 [M].北京：机械工业出版社，2019.

[9] 云晓.4 年级决定孩子一生的关键 [M].北京：朝华出版社，2020.

[10]（美）雷夫·艾斯奎斯.第 56 号教室的奇迹 [M].卞娜娜，译.北京：中国城市出版社，2011.

[11]（美）安奈特·L·布鲁肖，托德·威特克尔.万人迷老师养成宝典 [M].北京：中国青年出版社，2016.

[12]（美）马歇尔.非暴力沟通 [M].北京：华夏出版社，2018.

[13] 孙瑞雪.捕捉儿童敏感期 [M].北京：中国妇女出版社，2013.

[14] 孙瑞雪.爱和自由 [M].北京：中国妇女出版社，2018.

[15] 甄颖.行之有效的正面管教工具 [M].广州：广东教育出版社，2013.

[16][德] 科耐莉亚·尼驰，吉拉德·胡特尔.0 ~ 7 岁孩子家庭游戏全方案 [M].张文鹏，申洁，译.北京:中国妇女出版社，2012.

[17]（美）科恩.游戏力 [M].李岩，译.北京：中国人口出版社，2016.

[18] 林怡. 别以为你会爱孩子 [M]. 北京：世界图书出版公司，2018.

[19][美] 桑德拉·巴弗拉诺. 孩子小动作多、爱走神，怎么办 [M]. 张倩，
译. 沈阳：辽海出版社出版，2015.

[20] 江惜美，爱他，就要鼓励他 [M]. 北京：中国人民大学出版社，2012.

[21][美] 罗娜·雷纳 著. 不吼不叫：如何平静地让孩子与父母合作 [M]. 钟
煜，译. 上海：上海社会科学院出版社，2016.

[22]（美）金伯莉·布雷恩. 你就是孩子最好的玩具 [M]. 夏欣茁，译. 海口：
南方出版社出版，2016.

[23] 默娜·R. 舒尔. 如何培养孩子的社会能力 [M]. 北京：京华出版社，2009.

[24]（美）乔治·M·卡帕卡. 这样跟孩子定规矩，孩子最不会抵触 [M]. 北京：
北京联合出版公司，2012.